AF567803

S
V
H

# „Einer von uns beiden muss sich ändern und mit dir fangen wir an!“

## Ein Konfliktberater für Lehrerinnen und Lehrer

von

Bardo Schaffner

Schneider Verlag Hohengehren GmbH

**Covergestaltung:** Verlag

**Umschlagfoto:** © Gerhard Rauth – adobe.stock.com

Gedruckt auf umweltfreundlichem Papier (chlor- und säurefrei hergestellt).



**Bibliografische Information der Deutschen Nationalbibliothek**

Die Deutsche Nationalbibliothek verzeichnet diese Publikation in der Deutschen Nationalbibliografie; detaillierte bibliografische Daten sind im Internet über ›http://dnb.dnb.de‹ abrufbar.

ISBN 978-3-8340-2083-3

Schneider Verlag Hohengehren, 73666 Baltmannsweiler

Homepage: www.paedagogik.de

Für Pauline, Jonathan und Ylva und ihre zukünftigen Lehrerinnen und Lehrer

**„Einer von uns beiden muss sich ändern und mit dir fangen wir an!“**
**Ein Konfliktratgeber für Lehrerinnen und Lehrer**

# „Einer von uns beiden muss sich ändern und mit dir fangen wir an!" Ein Konfliktratgeber für Lehrerinnen und Lehrer.

**Vorwort:**

Das vor ihnen liegende Arbeitsbuch ist das Kondensat einer mehr als 25jährigen Tätigkeit in der Lehrerfortbildung insbesondere am Institut für Lehrerfortbildung in Essen-Werden. In sehr vielen Fortbildungskursen konnte ich von Lehrpersonen, von Fachleitern und Schulleitern lernen, dass Schule ein sehr spezifischer Kontext für zwischenmenschliche Konflikte ist. Vieles von dem, was ich in anderen Lebensbereichen z.B. in der Zusammenarbeit mit hauptamtlichen Mitarbeitern im Bereich der katholischen Kirche oder auch in der Beratung von Paaren und Familien erfahren hatte, konnte ich übertragen, gleichwohl sind Schulen sehr besondere Orte und die Tätigkeit von Lehrpersonen ist eine besondere. Wie kaum eine andere Berufsgruppe müssen Lehrpersonen in einem Feld vielfältiger Antinomien handlungsfähig sein und bleiben. Hier sind demnach die Konflikte schon in die Berufsrolle eingebaut. Ein Schweizer Kollege hat dies in einem Beitrag für eine Zeitung wie folgt auf den Punkt gebracht: *„Der Lehrer hat die Aufgabe, eine Wandergruppe mit Spitzensportlern und Behinderten bei Nebel durch unwegsames Gelände in nordsüdlicher Richtung zu führen, und zwar so, dass alle bei bester Laune und möglichst gleichzeitig an drei verschiedenen Zielorten ankommen!"*

Ob Schule gelingt, hängt maßgeblich von den dort tätigen Lehrpersonen und ihrer Handlungsfähigkeit ab. Wenn Handlungsfähigkeit ein so zentraler Begriff ist, was bedeutet er? In meiner Tätigkeit habe ich erfahren, dass folgende pragmatische Formel gilt:

$$\textbf{Handlungsfähigkeit} = \frac{(fK + pK + M + L) \times SW}{SZ}$$

fK = fachliche Kompetenz
pK = pädagogische Kompetenz
M = Motivation
L = Leidenschaft für den Beruf
SZ = Selbstzweifel
SW = Selbstwert

Je höher der Wert des Zählers, d.h. jeder Zugewinn an Kompetenz, Motivation und Leidenschaft für die Arbeit mit jungen Menschen erhöht die Handlungsfähigkeit, sie vervielfacht sich sogar durch einen guten Selbstwert. Gleichzeitig gilt: Je größer die Selbstzweifel, umso geringer die Handlungsfähigkeit. Allerdings wären jene bei Null, wäre der Bruch nicht definiert. D.h. ohne Selbstzweifel, die möglichst gering sein sollten, gibt es keine Handlungsfähigkeit. Mit anderen Worten, handlungsfähig als Lehrperson bin ich nur dann, wenn ich mit meinen vorhandenen Selbstzweifeln leben kann.
Das vorliegende Arbeitsbuch will dem Leser Hinweise geben, wozu und wie Handlungsfähigkeit von Lehrpersonen gesichert und ausgebaut werden kann. Insofern liegt der Fokus der Aufmerksamkeit bei den Lehrpersonen. Das bedeutet nicht, dass die Schülerperspektive weniger wichtig wäre, sie ist lediglich eine andere.
Dieses Buch hätte nicht entstehen können, wenn es nicht sehr viele Schulen und Lehrer gegeben hätte, die bereit gewesen wären, sich mit dem Thema Konflikte in der Schule auseinanderzusetzen. Ihnen möchte ich herzlich dafür danken. Ich hatte das Glück sehr viele, sehr engagierte Lehrpersonen kennen lernen zu dürfen, die mit großer Leidenschaft ihrem Beruf nachgegangen sind.
Danken möchte ich insbesondere auch meiner Frau Helga Rüschenschmidt, die mit ihrer konstruktiven Kritik mein Blickfeld erheblich erweitert hat und die sich die Mühe gemacht hat, den Text Korrektur zu lesen. Danken möchte

ich auch meinem Sohn Sebastian, der tatkräftig dazu beigetragen hat, diesen Text in eine adäquate Form zu bringen.
Aus Gründen der Lesbarkeit wird im Text die männliche Form benutzt, wobei die weibliche immer mit gemeint ist.

# A: Konflikte besser verstehen

## 1.Einleitung: Konflikte in der Schule

Empirische Studien aus den 1950er und 1960er Jahren zeigen, dass eine Lehrperson pro Unterrichtstunde durchschnittlich 200 Entscheidungen trifft und 15 Konflikte bewältigen muss. Konflikte gehören demnach zum Alltag von Schule auch in den 2020er Jahren. Leider werden die wenigsten Lehrpersonen im Studium ausreichend darauf vorbereitet. Das Referendariat ist dann der „Initiationsritus". Dieser Ritus, der den Übergang vom Auszubildenden zum vollwertigen „Stammesmitglied" markiert, ist bei vielen Naturvölkern mit schmerhaften Erfahrungen verbunden. So besteht der Ritus bei einem Stamm in Zentralafrika darin, dass der Kandidat auf einen Baum klettert und aus einem Stock wilder Bienen Honig für die Stammesmitglieder holt. Die schmerzhaften Stiche sind der Preis dafür, dazu zu gehören. Vielleicht sind für Referendare die „schmerzhaften" Erfahrungen vielfältiger Konflikte mit sich selbst und mit anderen der Preis dafür, anerkannte Lehrpersonen zu sein. Es bleibt zu hoffen, dass die eigene Praxis in der Schule aber auch so viele gelungene Erfahrungen bringt, dass die Leidenschaft für diesen Beruf angefacht wird. Auch für Lehrpersonen, die diesen Initiationsritus erfolgreich durchlaufen haben, bleibt der Umgang mit Konflikten in der Schule eine dauernde Herausforderung. Als ich Anfang der 1990er Jahre meine berufliche Tätigkeit mit Lehrpersonen und Schulen begann, waren u.a. diese Herausforderungen mein zentrales Thema. Bei meinem Vorgänger - meine damalige Stelle war mehr als 15 Jahre nicht besetzt gewesen - hieß die Aufgabe noch Lehrerseelsorge, bei mir dann Lehrerarbeit. Ich habe allerdings sehr schnell begriffen, dass, nimmt man es wörtlich, die Sorge für die Seele der Lehrer das war, was notwendig war. Es war nicht die, in klugen Vorträgen oft (nicht ausgesprochene aber) implizite Aufforderung, sich noch mehr anzustrengen und mehr zu tun. Es ging und geht vor allem darum, Lehrpersonen darin zu unterstützen, ihr eigenes Selbstwertgefühl und das der ihnen anvertrauten Schüler und deren Eltern zu schützen und zu stützen. Virginia Satir schreibt über die Bedeutung des Selbstwertgefühls (= Vorstellungen und Gefühle, die ein Mensch über sich selbst hat): Ich bin „zu der Überzeugung gelangt, dass der entscheidende Faktor für das, was sowohl den Umgang eines Menschen mit sich selbst als auch den Kontakt zwischen den Menschen kennzeichnet, das eigene Selbstwertgefühl [...] ist. Integrität, Ehrlichkeit, Verantwortlichkeit, Mitgefühl, Liebe und Kompetenz - alle diese Eigenschaften zeigen sich auf natürliche Weise bei Menschen, deren Selbstwert stark ist. [...] Wenn Menschen das Gefühl haben, von geringem Wert zu sein, leben sie in der Erwartung, dass man sie betrügt und auf ihnen herumtrampelt und dass andere sie geringschätzen. Auf diese Weise werden sie leicht zum Opfer".

**In Konflikten gilt es zum einen darum, mit anderen Menschen in Kontakt zu kommen und sich in sie hineinversetzen zu können und es geht immer auch darum, Grenzen zu setzen und zu sichern, indem man sich nicht alles gefallen lässt und auch eigene Ansprüche deutlich macht.**

Selbstwertgefühl und Selbstbewusstsein, vor allem wenn es übertrieben nach außen getragen wird, sollen hier unterschieden werden. Mitunter ist dieses eine Fassade, hinter der statt eines Selbstwertes ein großes Loch ist. Leider ist es gelegentlich so, dass die schulische Praxis es mit sich bringt, dass auf dem Selbstwertgefühl mancher Lehrpersonen regelrecht herumgetrampelt wird und diese dann wiederum mit dem Selbstwertgefühl von Schülern nicht gerade pfleglich umgehen. Die Auseinandersetzung mit Konflikten, um die es im Folgenden gehen soll, muss sich daran messen lassen, ob sie dem Anspruch gerecht wird, den Selbstwert der Beteiligten zu erhöhen. Keinesfalls bedeutet dies, Gesprächspartner „in Watte" zu packen und zu allem „Ja und Amen" zu sagen, weil man glaubt, so den Selbstwert der Anderen zu stützen. Im Gegenteil: In Konflikten gilt es zum einen, mit anderen Menschen in Kontakt zu kommen und sich in sie hineinversetzen zu können und

es geht immer auch darum, Grenzen zu setzen und zu sichern, indem man sich nicht alles gefallen lässt und auch eigene Ansprüche deutlich macht.
Virginia Satir hat „fünf Freiheiten" benannt, deren Inanspruchnahme zur Erhöhung des Selbstwertes beiträgt:

- Die Freiheit zu sehen und zu hören, was im Moment wirklich da ist, anstatt das, was sein sollte, gewesen ist oder erst sein wird.
- Die Freiheit, das auszusprechen, was du wirklich fühlst und denkst, und nicht das, was von dir erwartet wird.
- Die Freiheit, zu fühlen was du fühlst, und nicht das, was du fühlen solltest.
- Die Freiheit, um das zu bitten, was du brauchst, anstatt immer erst auf Erlaubnis zu warten.
- Die Freiheit, in eigener Verantwortung Risiken ein zu gehen,anstatt immer nur auf „Nummer sicher zu gehen" und nichts Neues zu wagen.

Sich diese Freiheiten im Kontakt mit anderen Menschen zu nehmen, stärkt den eigenen Selbstwert und es hilft, die eigene Handlungsfähigkeit zu sichern. Niemand hat etwas davon, wenn ich in Konfliktsituationen meine Handlungsfähigkeit verliere, deshalb geht es im Folgenden darum, anhand von vielen Beispielen aus dem Schulalltag aufzuzeigen, wie diese Handlungsfähigkeit, die unabdingbar notwendig ist, um die eigene Rolle professionell ausfüllen zu können, gesichert und gestärkt werden kann. Es geht nicht darum, Tipps und Tricks aufzuzeigen, wie man andere Menschen (auch gegen deren eigenen Willen) im eigenen Interesse ändern kann.

Im Teil A geht es zunächst darum, Konflikte besser zu verstehen. Dazu wird nach drei Vorbemerkungen, die den theoretischen Standpunkt des Autors markieren, ein Konzept sozialer Wahrnehmung diskutiert. Im dritten Kapitel wird der Frage nachgegangen, wie es möglich ist, dass manche Konflikte, trotz vielfältiger Bemühungen sie zu lösen, eine erhebliche „Lebensdauer" haben. Es geht demnach weniger darum, möglichen Ursachen nachzugehen, sondern die „Stützen" zu verstehen, die (oft ungewollt) dazu beitragen, dass die Dinge sich nicht verändern. Fritz Simon sagt, dass alles sich verändert, es sei denn jemand verhindert dies. Drei Stützen werden im Text identifiziert. Das Kapitel wird ergänzt um einige Gedanken zum Thema: Passivität in der Schule. Wer arbeitet hier eigentlich?

Im Teil B geht es darum aufzuzeigen, wie es möglich sein kann, in Konflikten anders zu handeln. Dazu wird das Gesprächskonzept der 3 K`s erläutert und es wird, anhand von drei typischen Gesprächssituationen, für die jeweilige Situation ein eigenes Gesprächskonzept mit einem eigenen „roten Faden" entwickelt. Exkurse zu den Themen: mein schwierigster Gesprächspartner und Beschwerdemanagement ergänzen das Kapitel.

# 2. Soziale Wahrnehmung als Voraussetzung der Kommunikation mit sich selbst und mit Anderen

## 2.1 Vorbemerkungen

### 2.1.1. Es gibt keine objektive soziale Wahrnehmung

Im Alltagsdenken gehen wir davon aus, dass die Welt so ist, wie wir sie wahrnehmen. Wir können uns mit unseren Sinnesorganen allerdings nur ein Bild der Wirklichkeit machen. Wie die Wirklichkeit wirklich ist, können wir gar nicht wissen. Soziale Wahrnehmung ist immer subjektiv. Sicher können wir uns sehr schnell über objektivierbare Sachverhalte verständigen Bsp.: Hier sind x Personen im Raum, es wird aber schon sehr viel komplizierter, weil in der Einschätzung subjektiver, wenn wir uns darüber verständigen sollten, wer hier welchen Charakter hat und trotzdem tun wir so, als seien das vergleichbare Aufgaben: Wir sagen mit derselben Gewissheit: "Hier sind x Personen im Raum und der Kollege Y hat folgende Charaktereigenschaften. H. Maturana sagt: "Alles was gesagt wird, wird von Beobachtern gesagt!" Ein Phänomen existiert nicht an sich, sondern es entsteht durch Wahrnehmung und Zuschreibung.

Heinz von Förster drückt es so aus: "Objektivität ist die Wahnvorstellung, wir könnten beobachten, ohne beteiligt zu sein"! Die Naturwissenschaftler (insbesondere die Physiker) unter den Lesern wissen spätestens seit Werner Heisenbergs berühmten Lichtexperimenten, dass man je nach Beobachterperspektive zu sehr unterschiedlichen Ergebnissen kommt, was denn Licht ist: Energie oder Materie. Diese Erkenntnis hat sich inzwischen auch in den Geistes- und Sozialwissenschaften herumgesprochen.

Wenn man diese Erkenntnis auf menschliche Kommunikation anwendet, kommt man zu dem Satz von Paul Watzlawick: Die Bedeutung der Botschaft bestimmt der Empfänger: Ich schreibe hier etwas mit einer von mir intendierten Bedeutung, das was sie lesen, muss allerdings nicht dasselbe sein. Ich übernehme die Verantwortung für das, was ich schreibe, bitte übernehmen sie die Verantwortung für das, was sie lesen. Das muss nicht dasselbe sein. Diese Sichtweise hat gerade in Konfliktsituationen eine hohe Relevanz. Oft wird erbittert um die "objektive Wahrheit" der eigenen Wahrnehmung gestritten, anstatt sich darüber zu unterhalten, wer welchen Geltungsanspruch im Hinblick auf die Deutung der verschiedenen Wahrnehmungen hat. Bsp.: Zunächst einmal steht die unterschiedliche Wahrnehmung eines auffälligen Schülerverhaltens durch einen Vater und durch eine Lehrperson gleichwertig neben einander. Wenn es jedoch um schulische Konsequenzen des o.g. Schülerverhaltens geht, hat die Wahrnehmung und Deutung der Lehrperson eindeutig mehr Relevanz und den höheren Geltungsanspruch.

"Objektivität ist die Wahnvorstellung, wir könnten beobachten, ohne beteiligt zu sein"!

Diese nicht ganz neue Sichtweise wird eindrücklich unterstützt durch die Erkenntnisse der Gehirnforschung der letzten Jahre: Demnach ist unser Bewusstsein eher so etwas, wie der "dümmste" Teil unserer Persönlichkeit. Bildgebende Verfahren unseres Gehirns zeigen, dass in Entscheidungssituationen zunächst die Hirnregionen (Mittel- und Stammhirn sowie limbisches System) aktiviert werden, in denen Gefühle und Bilder gespeichert sind, die selbstverständlich sehr subjektiv sind, erst danach wird unsere Großhirnrinde (= der Sitz unseres Bewusstseins) aktiviert.

Einer der Gehirnforscher hat diesen Tatbestand ausgedrückt, indem er meinte, unser Bewusstsein sei so etwas wie der Pressesprecher eines Konzerns, der bei den wichtigen Entscheidungen nicht beteiligt gewesen sei, in der Regel auch nicht wüsste, warum so und nicht anders entschieden wurde. Er müsse die Entscheidung allerdings nach außen verkaufen.

### 2.1.2. Wahrnehmung bedeutet Fokussierung der Aufmerksamkeit.

G. Schmidt postuliert: Soziale Wahrnehmung bedeutet immer die Fokussierung meiner Aufmerksamkeit: Von dem Vielen, was ich wahrnehmen könnte, nehme ich nur einen Bruchteil mit meinen Sinnesorganen wahr. Von dem, was ich mit meinen Sinnesorganen wahrnehme, gelangt wiederum nur ein Teil in mein Bewusstsein. Wir treffen demnach immer (unbewusst) eine Auswahl dessen, was in den bewussten Fokus unserer Aufmerksamkeit gerät und damit relevant für unser Verhalten ist. Da es (siehe oben) keine objektive Wahrnehmung gibt, spielen bei dieser Fokussierung letztlich subjektive Faktoren eine Rolle.

Wir treffen demnach immer (unbewusst) eine Auswahl dessen, was in den bewussten Fokus unserer Aufmerksamkeit gerät und damit relevant für unser Verhalten ist.

a) So neigen wir dazu, eher Fehlerhaftes und Unvollständiges und nicht Vollständiges und Gelungenes wahrzunehmen. Das machen wir bei anderen Menschen so, aber auch bei uns selbst. Bsp.: Bei Vorträgen zu diesem Themenbereich habe ich früher eine Folie mit neun Rechenaufgaben im Zehnerbereich benutzt. Da stand zum Beispiel: 2 + 2 = 4. Eine dieser neun Aufgaben war falsch 3 + 3 = 7. Auf meine Frage, was den Zuhörern auffällt, hat sich bisher immer jemand mit dem Hinweis auf die falsche Aufgabe gemeldet. Es hätte auch jemand daraufhin weisen können, dass acht Aufgaben richtig sind. Ein anderes Beispiel: Stellen sie sich bitte vor, sie haben an einen Elternsprechnachmittag 20 Gespräche geführt, 19 Gespräche sind sehr gut und konstruktiv verlaufen, eines davon war ein richtiges Katastrophengespräch mit Rumschreien und Türenknallen. Wenn sie dann abends nach Hause fahren, woran werden sie denken? Vermutlich doch an das misslungene Gespräch, obwohl die Trefferquote 19 : 1 außerordentlich gut ist. Die Tendenz eher auf schwierige Situationen zu achten, hat vermutlich auch stammesgeschichtliche Ursachen: Für unsere Urahnen war es überlebenswichtig, sich eher an eine Begegnung mit einem Säbelzahntiger als an 100 Begegnungen mit Wildziegen zu erinnern. Sicher spielen kulturelle Prägungen in unserer Gesellschaft auch eine wichtige Rolle. So haben Menschen aus Südeuropa oder Afrika vermutlich eine tendenziell wesentlich höhere Fehlertoleranz als Menschen aus unserem Land.

Es ist nicht gleichgültig, wie ich andere und mich selbst wahrnehme. Es wirkt sich unmittelbar auf das eigene Selbstwertgefühl aus, wie ich mich wahrnehme und natürlich auch auf den Selbstwert anderer, je nach dem, was ihnen zurückmelde.

b) Ein weiterer subjektiver Faktor, der die Fokussierung unserer Aufmerksamkeit beeinflusst, ist unsere körperliche Verfassung. Sind wir im Stress oder erkrankt, nehmen wir anders wahr, als dies der Fall wäre, wenn wir körperlich fit und gesund wären.

c) Ein dritter Aspekt spielt bei der Fokussierung eine Rolle: die eigene Profession. (Nicht ganz ernstzunehmendes) Beispiel: Mal angenommen, sie arbeiten an einem Gymnasium und hängen an das Schwarze Brett ihres Lehrerzimmers einen Zettel mit einer kurzen Mitteilung und angenommen, sie machen einen Rechtschreibfehler in den Text. Vermutlich wird es nicht sehr lange dauern, bis ein Kollege ein rotes R an den Rand des Textes schreiben wird. Wenn sie denselben Zettel in den Pausenraum ihrer Stadtverwaltung hängen würden, würde vermutlich nichts passieren, es sei denn, ein Deutschlehrer kommt vorbei. - Ich entschuldige mich bei allen Deutschlehrern für dieses schlechte Beispiel. Es soll lediglich erläutern, was mit professionell bedingter Fokussierung gemeint ist. - Die gewonnene professionelle Expertise als Lehrperson lässt sie einen jungen Menschen anders wahrnehmen, als dies ein Polizist tut. Diese unterschiedliche Wahrnehmung zeigt sich dann in ihrem Verhalten.

d) Ein vierter Gesichtspunkt meint die unterschiedlichen "Glaubensüberzeugungen" im psychologischen, nicht im religiösen Sinn. Jeder kennt grundlegende Sätze: So ist das Leben! So sind die Menschen! So ist die Welt! So bin ich! Diese Sätze bestimmen, als Vorannahmen, sehr stark unsere Wahrnehmung. Paul Watzlawick gibt in seinem Buch "Anleitung zum Unglücklichsein" ein Beispiel dafür: Ein Mann hat sich ein Bild gekauft, das er gerne an die Wand hängen möchte. Er hat zwar einen Nagel aber keinen Hammer. Da beschließt er, seinen Nachbarn um einen Hammer zu bitten. Auf dem Weg zu seinem Nachbarn fällt ihm ein, dass dieser ihn gestern nicht gegrüßt hat, obwohl er ihn gegrüßt hat. Je mehr er auf dem Weg zu seinem Nachbarn darüber nachdenkt, umso mehr wächst seine Überzeugung, dass der Nachbar etwas gegen ihn habe. Aber was hat er gegen mich, fragt er sich. Ich habe ihm nichts getan, denkt er. So gestimmt, kommt er bei seinem Nachbarn an und klingelt an dessen Tür. Der Nachbar öffnet und sagt freundlich: "Guten Tag!" Darauf der Mann wütend: „Sie können sich ihren Hammer an den Hut stecken!" Dies ist nicht nur eine ziemlich sichere Art, sich unglücklich zu machen, es hat auch viel mit Wahrnehmung zu tun. Der Mann mit dem Bild geht vermutlich mit der Annahme durchs Leben, dass alle anderen ihm "was wollen". Diese These bestimmt seine Wahrnehmung und sein Verhalten. Das Fatale an dieser Annahme ist, dass durch sein Verhalten genau diese Annahme sich bestätigen wird: Der Nachbar wird ihm keinen Hammer mehr leihen.

Aufmerksamkeitsfokussierung hat demnach Wirkungen auf der kognitiven, der emotionalen und der körperlichen Ebene. Ich erzeuge mich durch die Art, wie ich willkürlich oder unwillkürlich fokussiere. (Gunther Schmidt) Eine alte Schamanenweisheit sagt: "Energy flows, where attention goes"!

### 2.1.3 Jemand Anderen ändern zu wollen, der das nicht will, ist so, als wollte man das Wetter ändern.

In unserem Alltagsdenken gehen wir in der Regel davon aus, dass es mit Geschick oder Druck möglich sein müsste, einen Menschen auch gegen seinen Willen zu ändern. So werden z.B. Lehrpersonen früher oder später von Eltern mit dem Anspruch konfrontiert, als studierte Pädagogen doch in der

Lage sein zu müssen, einen 10jährigen dazu zu bringen, Hausaufgaben zu machen, auch wenn der 10jährige das nicht will. Sollte die angesprochene Lehrperson sich diesem Anspruch unterwerfen, wird ihr der 10jährige zeigen, wo ihre pädagogischen Grenzen sind.

Einen Menschen gegen seinen Willen verändern zu wollen, gleicht dem Versuch, das Wetter zu ändern. Man kann es versuchen, passieren wird voraussichtlich nicht viel. Man kann zwei Dinge tun: sich so anziehen, dass einem das Wetter nichts ausmacht und man kann sich klar machen, dass man selbst das Wetter für die Anderen ist. Wenn man sich selbst anders verhält, muss der Andere sich anders anziehen, wenn ihm das Wetter nichts ausmachen soll. Das bedeutet: Menschen ändern zu wollen, bedeutet zunächst, sich selbst anders zu verhalten. Ändern kann sich jeder nur selbst. Heinz von Foerster spricht davon, dass der Mensch ein autonomes System ist, das nicht direkt instruierbar, sondern bestenfalls irritierbar ist. Ein hammerharter Satz für jeden Pädagogen. Wenn all dies, was man als Pädagoge tut, nur Irritationen erzeugt, was ist die eigene Arbeit dann wert. Die These bedeutet nicht, dass Menschen nicht bereit und auch neugierig sind, etwas zu lernen. Sie besagt nur, dass Lernen nicht über einfache Instruktion gegen den Willen der Lernenden funktioniert. Die Vorstellung, dass Schüler gar nicht anders können als einen bestimmten Inhalt zu lernen, wenn er nur pädagogisch gut genug aufbereitet oder mit genügend Nachdruck dargeboten wird, ist nach dieser These nicht haltbar. Carl Rogers sagte sinngemäß: Lernen setzt immer ein gewisses Maß an Freiheit voraus. Dabei wehren sich Menschen nicht grundsätzlich gegen Veränderung, sondern dagegen verändert zu werden.

Einen Menschen gegen seinen Willen verändern zu wollen gleicht dem Versuch, das Wetter zu ändern. Man kann es versuchen, passieren wird voraussichtlich nicht viel. Man kann zwei Dinge tun: sich so anziehen, dass einem das Wetter nichts ausmacht und man kann sich klar machen, dass man selbst das Wetter für die Anderen ist.

Der Schüler lernt den Lehrer nicht den Stoff. Lernen setzt Beziehung voraus. Ich bin davon überzeugt, dass z.B. die binomischen Formeln an sich bei einem Zwölfjährigen nicht unbedingt die Motivation freisetzen, diese kennen zu wollen. Hat dieser Zwölfjährige aber eine Lehrperson, die er mag und die ihn mag und die sagt, dass es wichtig ist, die binomischen Formeln zu kennen, wird er bereit sein, auch diesen Stoff zu lernen. Nicht umsonst investieren Lehrpersonen ganz viel in einen guten Kontakt zu ihren Schülern. Niemand wird bereit sein, nachhaltig von einem anderen Menschen etwas zu lernen, vor dem er Angst hat oder sich bedroht fühlt. Bestenfalls wird eine Anpassungsleistung erzeugt.

Das was in unserem Gehirn passiert, wenn wir einen (Lern-) Impuls von außen erhalten, ist, dass wir diesen Impuls mit unseren Sinnesorganen wahrnehmen und nach ganz individuellen Mustern einordnen. Ist er "anschlussfähig" kann Lernen stattfinden. Wenn nicht, bedeutet er lediglich ein "Hintergrundrauschen". Es gibt physiologisch keine Möglichkeit direkt auf die Regionen des Gehirns eines anderen Menschen einzuwirken, so dass bestimmte Denk- oder Lernprozesse in Gang gesetzt oder Gefühle erzeugt werden. Dies würde die Existenz von Nervenverbindungen zwischen zwei Personen voraussetzen. Unser Gehirn ist so gebaut, dass sich die Zahl der Nervenverbindungen zwischen Gehirn und Sinnesorganen zu der Zahl der Nervenverbindungen innerhalb des Gehirns so verhält wie 1:5000000. Das heißt, wir sind rein physiologisch fünf Millionen Mal besser dafür ausgerüstet, uns ein "Kopfkino" zu machen, als Impulse über unsere Sinnesorgane aufzunehmen. Denkt man diese These in ihrer Konsequenz für Schule weiter, dann bedeutet dies, dass Lehrpersonen nicht die Verantwortung dafür übernehmen können, **was** ihre Schüler lernen. Lehrpersonen sind dafür verantwortlich, wie sie ihren Unterricht vorbereiten, mit ihren Schülern in Kontakt treten und den Stoff präsentieren. Was die Schüler dann damit machen, haben sie nicht wirklich in der Hand. Manche Eltern werfen Lehrpersonen vor, sie seien verantwortlich dafür, dass ihre Kinder im Unterricht nichts lernen. Aus oben genannten Gründen ist dieser Vorwurf schon physiologisch nicht haltbar. Darüber lohnt es nicht zu streiten. Schon eher lohnt es sich über die Motivation von Schülern und ggf. die von Lehrern zu sprechen oder über gegenseitiges Vertrauen und Akzeptanz.

Manche Lehrpersonen geben Schülern oder Eltern die Schuld daran, dass sie wütend, gekränkt o.ä. sind. Auch diese Annahme ist aus o.g. Gründen nicht haltbar. Schüler / Eltern haben keinen unmittelbaren Zugriff zu den Gehirnregionen einer Lehrperson, in der Wut, Ärger oder ähnliche Gefühle lokalisiert sind. Deshalb können Schüler im Sinne von Ursache und Wirkung Lehrer nicht wirklich ärgern. Das was passiert, ist, dass Schüler / Eltern sich in einer bestimmten Weise verhalten, die von der betroffenen Lehrperson als Provokation oder Schlimmeres interpretiert wird. Provokationen von Schülern stehen meist in massivem Widerspruch zu dem, was Lehrpersonen von Schülern erwarten. Diese so erlebte Diskrepanz führt dann bei der Lehrperson zu dem Gefühl des Ärgers. Wir können demnach nicht anders, als die Verantwortung für unsere Gefühle selbst zu übernehmen. Dies bedeutet aber nicht, dass wir an unserem Ärger selbst Schuld sind. Zunächst einmal sollte man den Begriff Schuld durch den der Verantwortung ersetzen. Die Lehrperson hat die Verantwortung für ihr Denken, Handeln und Fühlen. Der Schüler hat altersentsprechend, die Verantwortung für sein Denken, Handeln und Fühlen. So ist es wichtig, den Schüler, der bei der Lehrperson Ärger ausgelöst hat, damit zu konfrontieren, was sei Verhalten ausgelöst hat und ihm deutlich zu machen, was von ihm erwartet wird. Darüber lohnt es sich zu streiten, nicht über die Schuldfrage.

## 2.2. Thesen zur sozialen Wahrnehmung

Die folgenden Ausführungen versuchen, den Zusammenhang zwischen Sinneswahrnehmung, Interpretation dieser Wahrnehmung und dem entstandenen Gefühl zu klären. Keinesfalls werden die hochkomplexen physiologischen Vorgänge in unserem Gehirn erklärt. A. Ellis mit seinem ABC - Modell, auf den diese Unterscheidung von Sinneswahrnehmung, Interpretation und Gefühl zurückgeht, wusste zu seiner Zeit noch nichts von den Ergebnissen der Gehirnforschung und deshalb sah er die drei Funktionen in einer zeitlichen Abfolge: Erst die Sinneswahrnehmung, dann die Interpretation dieser Wahrnehmung, darauf haben wir dann ein Gefühl. Heute wissen wir, dass diese Reihenfolge auch ganz anders sein kann. Für die Zwecke dieses Textes soll aber diese Ungenauigkeit in Kauf genommen werden, um den Zusammenhang der drei Funktionen zu erläutern. Zu dieser Ungenauigkeit gehört auch, dass es eine reine Sinneswahrnehmung nicht gibt. Wenn wir nicht schon "innere Schubladen" = Interpretationsmuster hätten, in die wir Wahrnehmungen "ablegen" könnten, könnten wir mit den Sinneseindrücken wenig anfangen.

Der Ausgangspunkt jeder Sinneswahrnehmung (Sehen, Hören usw.) ist eine bestimmte Situation oder ein Impuls, der auf eine Person einwirkt. Diese Situation oder der Impuls lässt uns, nach A.Ellis, mit unseren Sinnesorganen etwas wahrnehmen. Wir wissen, dass die Menschen unterschiedliche Sinneskanäle bevorzugen. Im Folgenden soll auf zwei besonders eingegangen werden. Die größte Gruppe ist die derjenigen, die visuelle Wahrnehmung bevorzugen. Die visuellen Typen brauchen Bilder, um sich zu orientieren. Es fällt ihnen z.B. nicht leicht, mit unbekannten Menschen länger zu telefonieren, weil sie kein Bild von diesen haben. Visuelle Typen können gut die Gleichzeitigkeit von Ereignissen wahrnehmen, weil in Bildern oft gleichzeitig stattfindende Ereignisse zu sehen sind. Andere Menschen sind "auditive Typen", d.h. sie nutzen vor allem ihr Gehör. So begegnen sie einem Menschen mit dem Eindruck: "Der kommt mir bekannt vor!", aber erst wenn der Andere zu sprechen beginnt, wird klar, um wen es sich handelt. Während sich visuelle Typen mit geschlossenen Augen an frühere Ereignisse erinnern, sehen sie oft innere Filme ablaufen, auditive Typen hören innere Tonbänder von Dialogen, Geräuschen oder Musik. Auditive Typen können das Nacheinander von Situationen besser wahrnehmen als die Gleichzeitigkeit. Schließlich kann man Geräusche besser hintereinander und nicht gleichzeitig wahrnehmen - es sei denn man hört die Berliner Symphoniker. Nun ist keine dieser Wahrnehmungsweisen besser als die Andere, sondern einfach nur anders. Manche Missverständnisse resultieren aus dieser Verschiedenheit der bevorzugten Wahrnehmungskanäle.

Wie oben beschrieben, erfahren Sinneswahrnehmungen durch Interpretationen erst Bedeutung. Bei diesen Interpretationen greifen wir auf das zurück, was wir in der Vergangenheit gelernt haben. Wäre dies nicht möglich, wären wir ziemlich orientierungslos in dieser Welt. Die früher einmal gelernten und erfahrenen Interpretationsmuster sind demnach außerordentlich nützlich. Sie können aber auch ein Filter sein, der sich vor eine realitätsgerechte Wahrnehmung legt. Es handelt sich dann um eine Übertragung. Übertragung im psychologischen Sinne bedeutet, Gedanken und Empfindungen, die ich zu einem Menschen in einer früheren Situation hatte, auf einen anderen Menschen in einer aktuellen Situation zu übertragen. Übertragungen finden unbewusst statt und werden deshalb auch subjektiv als realitätsgerechte Wahrnehmung empfunden.

Übertragungen können positiv gefärbt sein, dann sind sie in der Regel unproblematisch. Wenn wir jemanden spontan sehr sympathisch finden, hat diese Empfindung vermutlich zunächst einmal gar nicht so viel mit dem Menschen zu tun, der vor mir steht, sondern eher mit einem anderen Menschen, den ich in einer ganz anderen Situation früher einmal sympathisch fand. Kleine gemeinsame Merkmale lösen diese Übertragungen aus: ähnliches Aussehen, ähnlich Bewegungen usw.. Sympathie vermittelt sich nonverbal sehr schnell. Wenn ich jemanden mag, ist meine Körpersprache offener und zugewandter. Das nimmt das Gegenüber wahr und verhält sich spontan auch offener und zugewandter usw.. Nach vier Wochen sage ich dann:" Ich wusste sofort, ein ganz sympathischer Mensch!" Vielleicht handelt es sich aber lediglich um eine Übertragung, die sich auflöst, wenn man sich näher kennenlernt. Für die Betroffenen ist es möglicherweise erschütternd zu erfahren, dass das Phänomen der Verliebtheit zum nicht unerheblichen Teil auf Übertragungen beruht. Es gibt Studien, die zeigen, dass bei der Partnerwahl die Beziehung zu Eltern und Geschwistern von großer Bedeutung ist.

Komplizierter wird es schon, wenn ich jemanden spontan sehr unsympathisch finde. Hier greift der gleiche Mechanismus wie bei der Sympathie. Auch hier hat die empfundene Antipathie zunächst einmal mit einem anderen Menschen und den Erfahrungen mit ihm zu tun und auch hier vermittelt sie sich nonverbal. Übertragungen sind Alltagsphänomene - problematisch werden sie dann, wenn man darauf besteht, dass diese Empfindungen und besonders die daraus resultierenden Zuschreibungen wahr und echt sind. Verhält sich ein Mensch, den man spontan sehr sympathisch fand, nach einiger Zeit so, dass man sein Verhalten unzumutbar findet, neigt man dazu, zu denken, dass er jetzt sei "wahres

Gesicht" zeigt, d.h. vorher nur seine Maske gezeigt hat. Diese Sichtweise ist in aller Regel nicht sehr beziehungsfördernd - hilfreicher ist die Vorstellung, dass jeder Mensch sehr unterschiedliche Seiten seiner Persönlichkeit hat und je nach Situation zeigen kann. Einfach ausgedrückt, es kann jeder von uns sehr kooperativ und bei Bedarf aber auch sehr unkooperativ sein. Das Eine ist nicht wahrer als das Andere.

Neben den vergangenheitsbezogenen Interpretationsmustern nutzen wir auch zukunftsorientierte Muster, um Sinneswahrnehmungen eine Bedeutung zu geben. Es handelt sich dann um Wünsche, Erwartungen oder Hoffnungen (Es möge doch sein, dass…). Diese geben uns Orientierung und Motivation, insofern sind sie sehr hilfreich und auch sie können ein Filter sein, der sich vor realitätsgerechte Wahrnehmung legt. Die Psychologen sprechen dann von einer Projektion. Projektion bedeutet, dass ich etwas, was zu mir gehört (Gefühle, Hoffnungen, Abneigungen o.ä.), einem anderen Menschen als dessen eigenes zuschreibe. Projektionen können positiv gefärbt sein. So beruht die ganze Fankultur u.a. auf diesem seelischen Mechanismus. Wenn ich z.B. gerne ein berühmter Fußballspieler geworden wäre, es aber nur für die dritte Kreisklasse gereicht hat, kann ich mir immer noch ein Poster von Manuel Neuer in mein Zimmer hängen und immer dann, wenn Neuer für Bayern München oder Deutschland spielt, ist es so, als würde ich auch ein wenig mitspielen. Auch wenn es ernüchternd ist, komme ich noch einmal auf den Zustand der Verliebtheit zurück. Dieser Zustand hat nicht nur etwas mit dem Thema Übertragung zu tun, sondern auch mit Projektionen. In diesem Sinne verliebe ich mich in ein Bild von einem Menschen nicht in den Menschen selbst. Ich finde jemanden toll, weil er aus meiner Sicht die Fähigkeiten hat, die ich gerne hätte. So verliebt sich eine Frau in einen (vermeintlich) starken, selbstbewussten und durchsetzungsfähigen Mann und er in die gefühlvolle und empathische Frau. Beide heiraten. Nach einigen Jahren - früher waren es durchschnittlich sieben Jahre, heute sind es nur noch vier Jahre - sagen die Beiden enttäuscht zueinander: "Sei doch wieder so, wie Du einmal warst!" In ihrer Vorstellung hat sich der/die Andere total verändert, vermutlich hat dieser Mensch aber nur eine andere Facette seiner Persönlichkeit gezeigt. Da ist der

Mann nicht immer selbstbewusst und stark und die Frau nicht immer gefühlvoll und empathisch. Für die Beziehung der Beiden ist es hilfreicher, dem Anderen zuzugestehen, dass es noch andere "Bilder" von ihm gibt, nicht nur das, in das man sich verliebt hat. George Bernhard Shaw hat diesen Sachverhalt in seiner ironischen Art auf den Satz gebracht: "Die Ehe ist ein Irrtum in der Person, der lebenslang abgearbeitet werden muss!"

Projektionen können auch negativ gefärbt sein. So sind lange anhaltende Konflikte zwischen Menschen ohne Projektionen kaum denkbar. In Folge einer andauernden Auseinandersetzung werden die Bilder von einander immer negativer, man entwickelt einen Tunnelblick, am Ende sieht man nur noch das "Weiße im Auge des Gegners". Irgendwann ist es nicht mehr verstehbar, dass man seinen Konfliktpartner jemals nett und freundlich fand. Stellen sie sich vor, sie haben in Folge einer Auseinandersetzung mehrere Wochen kein Wort mit einem Kollegen gesprochen, eines Morgens treffen sie sich auf dem Flur ihrer Schule und ihr Kollege grüßt sie mit einem freundlichen "Guten Morgen". Der erste Gedanke, der ihnen dann kommt, ist die Frage: "Was hat das jetzt wieder für eine Gemeinheit zu bedeuten!"

Horst Eberhardt Richter erklärt die Entstehung von Randgruppen in unserer Gesellschaft mit dem seelischen Mechanismus der Projektion. All das, was wir an uns ablehnen, projizieren wir auf die Angehörigen dieser Randgruppen. Indem ich meine Schattenseiten nur bei Anderen wahrnehme, brauche ich mich nicht mit meinem Schatten zu beschäftigen und kann umso heftiger auf die Objekte meiner Projektionen losgehen. Angesichts von Ausländerfeindlichkeit ein sehr aktuelles Thema.

Ähnlich wie Übertragungen sind Projektionen alltägliche Phänomene, sie sind auch zunächst kein Grund zum Psychotherapeuten zu gehen. Problematisch werden sie dann, wenn man an ihnen festhält und sie für Fakten hält. Lehrpersonen sind in besonderer Weise Ziel von Übertragungen und Projektionen vielfältiger Art: Schüler arbeiten an ihnen ihre Autoritätsprobleme ab, die eigentlich nicht die Lehrperson meint, sondern Menschen, die anderswo keine „gute" Autorität sind; Eltern arbeiten an ihnen ihre eigenen misslungenen Schulkarrieren ab, Politiker arbeiten an ihnen ihre Unfähigkeit ab, gesellschaftliche Probleme zu lösen und die Öffentlichkeit arbeitet an ihnen Neidimpulse (Lehrer = halbe Stelle + volles Gehalt) ab. Oder: Lehrpersonen werden von Kindern zu besseren Ersatzeltern bestimmt und Eltern verwechseln Lehrpersonen mit Problemlösern ihrer häuslichen Schwierigkeiten usw. Eine große Aufgabe für jede Lehrperson ist es, sich solche Übertragungen und Projektionen "vom Leib zu halten". Gelingt dies nicht, beginnt man sich irgendwann so zu verhalten, als wären diese Zuschreibungen Realität.

Neben den eher vergangenheitsbezogenen oder zukunftsorientierten Interpretationsmustern gibt es noch gegenwartsbezogene Muster. Diese beziehen sich auf das Hier und Jetzt. Gerade, wenn es um die Initiierung von Veränderungsprozessen geht, lohnt es sich, auf das zu schauen, was gerade ist. Die Vergangenheit ist vorbei und nicht mehr änderbar. Ich kann prüfen, was aus der Vergangenheit im Hier - und - Jetzt noch aktuell ist, denn das lässt sich möglicherweise ändern. Lehrpersonen werden in Elterngesprächen damit konfrontiert, dass sie früher einmal etwas Bestimmtes getan haben, hilfreich ist es zu prüfen, was davon noch aktuell ist, darüber lohnt es sich zu reden. Andere Menschen gehen in die Zukunft: "Solange das oder jenes nicht passiert ist, brauchen wir gar nicht zu reden!" Bei dieser Haltung kann man nur noch warten, bis es passiert. Auch hier ist es sinnvoll, sich zu fragen, was von dem, was sein soll, kann man jetzt schon beginnen.

Der dritte Begriff, um den es bei Ellis` Unterscheidung geht, ist neben Sinneswahrnehmung und Interpretation der Begriff des Gefühls. In der Logik der hier vorgenommenen Argumentation liegt es, dass wir uns unsere Gefühle "selber machen". Wie oben beschrieben, hat kein anderer Mensch unmittelbaren Zugriff zu den Regionen meines Gehirns, in den Gefühle lokalisiert sind. Wir deuten das Verhalten anderer Menschen z.B. als Angriff. Diese Deutung steht im Widerspruch zu unserer Erwartung, wie wir wollen, dass uns begegnet wird. Diese erlebte Diskrepanz macht uns wütend. Wir können nicht anders als die Verantwortung für unsere Gefühle selbst zu übernehmen. Neben der Verantwortung für die eigenen Gefühle gibt es die Verantwortung meines Gegenübers für sein Verhalten und die Folgen seiner Tat.

Beispiel: Jemand tritt mir gegen das Schienbein, ich schreie Aua, er könnte sagen: "Das ist dein Problem, wenn du meinen Tritt anders deuten würdest, würdest du vielleicht lustvoll stöhnen!" Auf der Ebene der Wahrnehmung ist diese Aussage korrekt, auf der Ebene der Verantwortung müsste mein Gegenüber meine spontane Reaktion ernstnehmen und sein Verhalten ändern, sich ggf. entschuldigen, wenn er an einer weiteren Kooperation mit mir interessiert ist. Es macht demnach wenig Sinn, dem Anderen die Schuld für meine Gefühle, im Sinne einer kausalen Beziehung von Ursache und Wirkung zu geben. Es macht mehr Sinn, dem Anderen unmittelbar eine Rückmeldung darüber zu geben, was sein Verhalten bei mir auslöst und ihn an seine Verantwortung für die Kooperation zu erinnern.

| In der Logik der hier vorgenommenen Argumentation liegt es, dass wir uns unsere Gefühle "selber machen". |
|---|

Im kommunikativen Alltag fallen diese drei Sinnesleistungen für uns zusammen, so als könne man bei einer bestimmten Sinneswahrnehmung nicht anders bewerten oder fühlen. Tatsächlich sind dies aber unterschiedliche Funktionen: Wenn ich anders bewerten würde, hätte ich vermutlich andere Gefühle. Beispiel: Eine Lehrperson nimmt wahr, dass sich ein Schüler während des Unterrichts, in dem seine Aufmerksamkeit gefordert ist, laut mit seinen beiden Sitznachbarn unterhält. Eine Möglichkeit, diese Wahrnehmung zu interpretieren, ist: Der Schüler will stören. Diese Interpretation löst vermutlich Ärger bei der Lehrperson aus und lässt sie in einer bestimmten Weise reagieren. Eine andere Interpretationsmöglichkeit wäre: Der Schüler kann dem Unterricht nicht folgen und sucht Orientierung. Diese Interpretation löst eher Gefühle der Sorge aus und lässt die Lehrperson dementsprechend handeln. Je mehr Interpretationsmöglichkeiten ich mir erlaube, umso flexibler bin ich in meinem Handeln.

Zu den drei Begriffen von A. Ellis kommt nun in diesem Konzept sozialer Wahrnehmung ein vierter Begriff, der des Gefühls über das Gefühl. Dieser geht zurück auf Maria Bosch, einer Schülerin von Virginia Satir. Was ist mit diesem Begriff gemeint? Genau genommen handelt es sich nicht nur um ein Gefühl über ein Gefühl, sondern um eine Interpretation und ein Gefühl über ein Gefühl. Beispiel:

Sie sitzen als Lehrperson in einem Elterngespräch mit einem Vater, der nach ihrem Eindruck zunehmend unverschämt wird. Sie spüren Ärger, merken, wie ihnen "langsam das Messer in der Tasche" aufgeht und sind kurz davor, richtig unverschämt und beleidigend zu werden. Da fällt ihnen ein Satz ein, den sie in ihrer Lehrerausbildung gelernt haben: "Eine gute Lehrperson wird nicht wütend und unverschämt, schon gar nicht in einem Elterngespräch!" Schon haben sie eine Interpretation und bekommen ein Gefühl über ihr spontanes authentisches Gefühl und sind am Ende, wenn auch mit der Faust in der Tasche, besonders freundlich zu diesem Vater. Bei allem Verständnis für diese Reaktion, sie bedeutet immer einen Verlust an Echtheit. Dies erschwert immer die Verständigung mit Anderen. In dem genannten Beispiel gelingt es u.U. den unverschämten Vater zu besänftigen und zu beruhigen. Eine echte Verständigung, die auch ihre Absichten und auch ihre emotionale Befindlichkeit berücksichtigt, findet allerdings nicht statt. Authentische Kommunikation, wie sie hier gemeint ist, bedeutet nicht, dass ich jeden empfundenen Ärgern unmittelbar äußern sollte. Dies würde mitunter eher zur Eskalation führen. Gemeint ist, dass ich mir selbst die Erlaubnis gebe, z.B. auch einmal in einem Elterngespräch wütend werden zu dürfen. Was ich dann mit diesem Gefühl mache, ist noch einmal eine andere wichtige auf den Kontext bezogene Frage.

Authentische Kommunikation bedeutet nach Ruth Cohn: "Alles, was ich sage, soll wahr sein, aber nicht alles, was wahr ist, muss ich sagen!" Für sie ist authentische Kommunikation nur als selektiv authentische Kommunikation sinnvoll. Behalte ich etwas, was ich dem Anderen unbedingt mitteilen sollte für mich (z.B. dass sein Verhalten der Auslöser für meine Wut war), dann nennt Cohn mich einen "Dieb" (= ich nehme dem Anderen etwas weg, was ihm unbedingt gehört), überschütte ich den Anderen mit meiner Wut und Vorwürfen, nennt Cohn mich einen "Mörder" (= ich zerstöre etwas Lebendiges, das zwischen uns entstehen könnte.) Sicher ist diese Sichtweise eine drastische Positionierung; sie beschreibt gleichwohl zwei wesentliche Leitplanken für authentische Kommunikation. Über die eine Leitplanke zu gehen, bedeutet, z.B. aufgestauten Ärger loswerden zu wollen. Über die andere Leitplanke zu gehen, bedeutet, einen empfundenen Ärger in der Hoffnung runter zu schlucken, dass er damit verschwunden sei. Es gilt aber das "Gesetz von der Erhaltung des Ärgers". Nach diesem Gesetz verschwindet Ärger nicht einfach. Er bleibt irgendwo, sonst hätten nicht so viele Menschen Magenschwüre oder sonstige körperliche Beschwerden.

Eric Berne verdanken wir die Metapher des Ärgerrabattmarkenheftes. Gemeint ist damit Folgendes: Jeder kennt Situationen, in denen man sich über andere Menschen ärgert; dieser Ärger aber knapp unterhalb der Schwelle bleibt, bei deren Überschreiten man den Ärger aussprechen würde. Diese Schwelle ist subjektiv unterschiedlich hoch: Mache Menschen lassen sich sehr viel gefallen, bevor sie sich wehren. Bei anderen Menschen ist die Schwelle so niedrig, dass man als Gegenüber schon einmal prophylaktisch "einen drübergezogen bekommt".

Wenn man seinen authentisch empfundenen Ärger runterschluckt, ist er nicht verschwunden, man klebt in ein inneres Rabattmarkenheft eine Marke ein. Dann kommen nach und nach weitere Marken dazu. Demgegenüber, dem wir die letzte Marke verdanken, lösen wir dann das ganze Heft und damit eine geballte Ladung Ärger ein. Wir merken, dass der ganze Ärger dem Anlass für die letzte Marke nicht entspricht und beginnen, ein neues Heft anzulegen. Dieses ganze Rabattmarkensystem ist nicht gesund und auch nicht sehr beziehungsförderlich. Gleichwohl kann es zur Zementierung ungelöster Konflikte beitragen. Dazu ein Beispiel aus der Paarberatung: Ein Paar stellt sich vor, weil sie ein wöchentlich wiederkehrendes Ritual belastet. Aus der Sicht der Frau: "Mein Mann kommt freitags gegen 16.00 Uhr von der Arbeit nach Hause und geht dann mit seinen Kumpels in seine Lieblingskneipe. Hier besaufen sie sich und kommen irgendwann Samstagmorgen gegen 1.00 Uhr zurück in meine Küche. Hier trinken sie weiter und futtern unseren Kühlschrank leer. Am Samstagvormittag schläft mein Mann seinen Rausch aus und ist zu nichts zu gebrauchen!" Aus der Sicht des Mannes: "Die Fakten stimmen in etwa. Ich komme am Freitagnachmittag nach Hause und treffe mich dann mit meinen Kumpels in unserer Kneipe. Gut, dann trinken wir einen. Wenn dann die Kneipe schließt, haben wir meistens noch Hunger. Gut, dann essen wir bei mir zuhause noch eine Kleinigkeit. Es kommt gelegentlich auch vor, dass wir dann nicht alles wegräumen. Aber was glauben sie, was ich mir von meiner Frau von Samstagmittag bis Freitagnachmittag der folgenden Woche gefallen lassen muss!" Mit anderen Worten: Der Mann klebt von Samstagmittag bis Freitagnachmittag Ärgerrabattmarken, bis sein Heft voll ist, um es dann mit einem Besäufnis in der Kneipe und der Einladung seiner Kumpane zu sich nach Haus einzulösen. Die Frau löst ihre „Wochenendmarken", dann in der folgenden Woche ein. Für beide ein sehr belastendes System, gleichwohl strukturiert es den Wochenablauf und bietet so ein gewisses Maß an Stabilität.

Vermutlich hat jeder von uns einige halbvolle Rabattmarkenhefte zu Hause rumliegen, dabei gibt es mindestens zwei Ausführungen davon, zum einen die einfachen Ausgaben aus Pappe, die relativ schnell voll sind und zum anderen die hochwertigen in Leder gebundenen Exemplare mit Goldschnitt, in die man nur die "dicken Ärgerrabattmarken" einklebt. Davon gibt es nicht viele: Es sind z.B. solche, die man sammelt, wenn man ungerechterweise nicht befördert wurde und dies einfach hingenommen hat oder solche, die man in heftigen privaten Auseinandersetzungen sammelt, in denen man sich unwidersprochen viel zu viel hat gefallen lassen. Diese Marken löst man auch nur einmal im Leben ein. Beispiel aus dem beruflichen Bereich: Man erreicht als Lehrperson die Pensionsgrenze und wird vom Schulleiter daraufhin gewiesen, dass im Kollegium eine feierliche Verabschiedung geplant sei. Mit der nicht eingelösten Rabattmarke einer unberechtigten Nichtberücksichtigung bei einer Beförderung sagt man mit süßsaurer Miene zu dem Schulleiter: "Ach wissen sie, nachdem was ich hier erleben musste (im Subtext: was ihr mir angetan habt), möchte ich keine Verabschiedung. Ich werde einfach nach meinem letzten Arbeitstag wegbleiben!" (Im Subtext: ihr sollt spüren, was ihr mir angetan habt.) Dieses Vorgehen tut dem angehenden Pensionär nicht gut, aber auch nicht dem Schulleiter und den Kollegen.

Hilfreich ist es, Rabattmarken zeitnah einzulösen. Das wird manchmal nicht möglich sein - ich werde nicht jedem Autofahrer hinterherfahren, weil er mir die Vorfahrt genommen hat - vermutlich ist dies aber häufiger möglich, als wir dies tun. Wir wollen dann anderen nicht zu nahetreten, sie nicht verletzen oder einfach keine Konflikte mit ihnen haben. Alles verstehbare Gründe, die allerdings ihren Preis haben.

Meine These ist, dass immer dann, wenn wir Gefühle fühlen und Gedanken denken, die nicht mit unserem Selbstbild übereinstimmen, wir dazu neigen, über das Gefühl über das Gefühl authentische Empfindungen zu verändern und in Folge dessen weniger echt zu kommunizieren. Echtheit bedeutet hier, das zu sagen, was ich denke und das zu tun, was ich will. Nicht alles, was ich denke, muss ich sagen und nicht alles, was ich will, muss ich tun. Aber, das was ich sage und tue, soll dem entsprechen, was ich denke und will.

Jeder Mensch hat ein Bild von sich selbst, wie er ist und wie er sein sollte und eine Wahrnehmung für die Diskrepanz von Sein und Sollen, sowie ein Gefühl dazu. Daraus resultiert die Frage, mag ich mich selbst, auch wenn es diese Diskrepanz gibt oder denke ich so von mir, wie es Mark Twain einmal gesagt haben soll: "Ich würde nie einem Verein beitreten, der Menschen wie mich als Mitglieder aufnimmt!" In diesem Fall hätte ich kein gutes Selbstwertgefühl. Ein gutes Selbstwertgefühl zu haben, bedeutet, dass ich mich, so wie ich bin, mit allen Unzulänglichkeiten mag. Ein ausgeprägtes Selbstbewusstsein zu haben, muss nicht identisch sein mit einem guten Selbstwert. Manche Menschen tragen ihr Selbstbewusstsein vor sich her, haben aber ein sehr schlechtes Selbstwertgefühl.

Ein gutes Selbstwertgefühl zu haben, bedeutet, dass ich mich, so wie ich bin, mit allen Unzulänglichkeiten mag.

Wenn ich ein gutes Selbstwertgefühl habe, dann werde ich deutlich weniger meinen Selbstwert schützen müssen. Über das "Gefühl über das Gefühl" verändere ich unwillkürlich authentische Empfindungen und sage etwas, was ich nicht meine und tue etwas, was ich nicht will, um so das Loch in meinem Selbstwert zu schließen. Um noch einmal auf das o.g. Beispiel mit dem unverschämten Vater in einem Elterngespräch zurück zu kommen: Das Verhalten des Vaters lässt in mir Wut aufsteigen, dieses Gefühl passt aber nicht zu meinem Selbstanspruch und bedroht so mein Selbstwertgefühl. Durch meine nicht-authentische Freundlichkeit versuche ich nun dieses Loch zu füllen. Dieses nachvollziehbare Bestreben führt aber zu einem Verlust an Echtheit, erschwert somit die Verständigung mit dem Vater und trägt wesentlich dazu bei, dass mein Selbstwert spätestens nach dem Gespräch mit dem Vater für mich selbst noch mehr in Frage steht.

Die Sicherung der eigenen Handlungsfähigkeit durch Schützen und Stützen des eigenen Selbstwertgefühls und dem meines Gegenübers fördert die Echtheit in der Kommunikation und so die Verständigung mit dem Anderen. In meiner Ausbildung als Familientherapeut habe ich den Satz kennengelernt: "Das Therapeutensystem hat Vorrang vor dem Klientensystem!" Als ich dies zum ersten Mal hörte, dachte ich, das hört sich an wie: "Hauptsache den Therapeuten geht es gut!" So war der Satz natürlich nicht gemeint. Gemeint war es so, dass den Klienten / Patienten nichts Besseres passieren kann, als gesunde, motivierte, engagierte und ihre ganze Kompetenz nutzende (=handlungsfähige) Therapeuten vor sich zu haben. Überträgt man diesen Gedanken auf Schüler und Lehrpersonen, dann bedeutet er, dass gesunde, motivierte, engagierte und ihre ganze Kompetenz nutzende Lehrpersonen das Beste sind, was Schülern passieren kann. Etwas plakativ ausgedrückt, gilt die Regel: Geht es der Lehrperson gut - im Sinne von: Ist sie handlungsfähig? - geht es den Schülern gut. Dieses "Gutgehen" ist nicht in dem hedonistischen Sinne von: Hauptsache mir geht es gut, gemeint, sondern im Sinne von: Bin ich in der Situation handlungsfähig und nutze meine Möglichkeiten, die meine Rolle mir bietet. Die Sicherung der eigenen Handlungsfähigkeit steht damit als wesentlicher Anspruch an Lehrpersonen im Raum. Dabei soll dies nicht als frommer persönlicher Wunsch verstanden werden, sondern als professionelle Anforderung. So wie selbstverständlich von Lehrpersonen erwartet wird, dass sie in der Lage sind, eine Unterrichtsstunde zu gestalten, so sollte man auch von ihnen erwarten, dass sie ihre Handlungsfähigkeit sichern.

> Wollen Lehrpersonen ihre Pensionsgrenze gesund erreichen und bis dahin halbwegs zufrieden und erfolgreich arbeiten, wird ihnen nichts Anderes übrig bleiben, als für die Sicherung ihrer Handlungsfähigkeit selbst und innerhalb ihres Kollegiums zu sorgen.

M.E. ist es sehr unrealistisch zu erwarten, dass die Anforderungen an Lehrpersonen in den nächsten Jahren geringer werden. Sehr wahrscheinlich werden weder die Schüler noch die Eltern "einfacher" und auch die Rahmenbedingungen, die Finanzsituation und die Personalausstattung an den Schulen werden voraussichtlich nicht wesentlich besser werden. Vermutlich werden die Belastungen für die einzelne Lehrperson und die einzelnen Kollegien zunehmen. Zu erwarten, dass "Rettung" von der Politik im Bund, im Land und in der Kommune oder von Seiten der Verwaltung in der Bezirksregierung oder den Schulämtern kommt, ist vermutlich eine Illusion. Wollen Lehrpersonen ihre Pensionsgrenze gesund erreichen und bis dahin halbwegs zufrieden und erfolgreich arbeiten, wird ihnen nichts Anderes übrig bleiben, als für die Sicherung ihrer Handlungsfähigkeit selbst und innerhalb ihres Kollegiums zu sorgen.

Wenn Lehrpersonen morgens zur Schule gehen, haben sie zwei Möglichkeiten: Die eine Möglichkeit ist die, selbstkritisch darüber nachzudenken, was sie bisher versäumt haben, was ihnen nicht gelungen ist oder was sie grundsätzlich in ihrem Leben ändern sollten. Dann werden sie mit wenig Motivation, geringem Engagement und schlechtem Selbstwertgefühl ihren Schülern das vorenthalten, was sie ihnen mitgeben könnten, wenn sie es, wie in der zweiten Möglichkeit machen würden, nämlich es sich an diesem Tag, der vor ihnen liegt hemmungslos gutgehen zu lassen, auch wenn sie denken, sie hätten dies eigentlich nicht verdient. Dann haben sie Freude an den Schülern und der Arbeit mit ihnen und werden ihre ganze Kompetenz und Begeisterung nutzen, um ihnen etwas zu vermitteln. Fangen sie deshalb am besten sofort damit an, es sich gut gehen zu lassen.

## 3. Drei Perspektiven auf Konflikte und was diese stützt.

Der Wunsch, mein Konfliktpartner möge sich und sein Verhalten ändern, ist nachvollziehbar, gleichwohl in der Vielzahl der Fälle aber unrealistisch. Im Folgenden werden drei Perspektiven auf Konflikte diskutiert, die (hoffentlich) zielführender im Sinne möglicher Konfliktlösungen sind.

| Es geht um die Frage, wie es die am Konflikt Beteiligten gemeinsam schaffen, aus einer Meinungsverschiedenheit einen länger anhaltenden Konflikt zu erzeugen. |
|---|

Der Ausgangspunkt dabei ist nicht die Frage nach Schuldigen, nach Ursachen, nach Fehlverhalten oder nach Veränderungsbedarf bei den Konfliktgegnern, sondern die Frage, wie es die am Konflikt Beteiligten gemeinsam schaffen, aus einer Meinungsverschiedenheit einen länger anhaltenden Konflikt zu erzeugen. Zwischenmenschliche Konflikte sind in diesem Verständnis in der Regel „cokreative Leistungen" aller Betroffenen. Dem entsprechend lohnt es sich, nach dem jeweils eigenen Beitrag zum Zustandekommen und zum Erhalt eines Konfliktes zu fragen. Damit ist nicht gemeint, im Sinne einer „Selbstverdächtigung" eine Schuld bei sich selbst zu suchen. Diese Suche führt in aller Regel in eine Sackgasse. Gemeint ist, dass ein zwischenmenschlicher Konflikt, ähnlich wie eine (kommunikative) Plattform auf Säulen gebaut ist. Solange die Säulen stabil sind, ist der Konflikt stabil. Werden die Säulen in Frage gestellt und damit instabil, kann der Konflikt nicht mehr stabil sein. Was ist nun mit diesen Säulen gemeint?

- Die erste Säule, die einem Konflikt Stabilität gibt, ist meine sehr persönliche innere Diskussion dazu. Jeder kennt es, dass wir Konflikte mit uns selbst diskutieren. Dabei sind in aller Regel mehrere Diskutanten beteiligt. F. Schulz von Thun spricht hier metaphorisch von einem inneren Team, das tagt. Führt diese innere Diskussion nicht zu einem Ergebnis, das handlungsrelevant wird, dann werde ich kaum in der Lage sein, einen Beitrag zu einer guten Konfliktlösung zu leisten. In einer ersten Perspektive auf Konflikte soll im folgenden Kapitel 3.1 die mögliche Zusammensetzung,

Struktur und Funktionsweise des inneren Teams erläutert werden. All dies besser zu verstehen, soll dazu beitragen, einen eigenen möglicherweise unbewusst geleisteten Beitrag zum Fortbestand eines Konfliktes zu beenden und damit eine tragende Säule zu destabilisieren.

- Die zweite Säule, die es außerdem zu destabilisieren gilt, ist die bestimmter Kommunikationsmuster. Gerade in zwischenmenschlichen Konflikten neigt die Interaktion der Beteiligten dazu, Muster zu bilden. Muster in diesem Sinne sind Kommunikationsabläufe, die sich wiederholen. Genau genommen kann man ein Problem mit einem anderen Menschen gar nicht haben, wenn es nicht in solche Muster eingewoben ist. Es lohnt demnach der genauere Blick auf diese problematischen Muster der Kommunikation. Steige ich aus dieser Art der Kommunikation aus, dann können die genannten Muster nicht aufrechterhalten werden. Was solche Muster sind, wie es möglich ist, daraus auszusteigen und welchen Preis man dafür zahlen muss, dazu im Kapitel 3.2 mehr. Auch hier geht es darum, einen eigenen möglicherweise unbewusst geleisteten Beitrag zum Fortbestand eines Konfliktes zu beenden und damit eine tragende Säule zu destabilisieren.
- Eine dritte Säule, die belastende Konfliktsituationen oft ungewollt stützt, besteht aus dysfunktionalen Regeln und Normen in einem sozialen System. Konfliktbeteiligte halten gelegentlich an eskalierenden Sicht- und Verhaltensweisen fest, obwohl sie es eigentlich besser wissen (müssten). Sie tun dies nicht aus Dummheit oder Bösartigkeit, sondern weil sie mit ihrem Verhalten etwas sichern wollen, was ihnen wertvoll und wichtig ist. Die Frage nach den Werten, um die es geht, eröffnet u.U. den Zugang zu den Hintergründen des konfliktstabilisierenden Verhaltens mancher Konfliktbeteiligter und ermöglicht Konfliktlösungen, die möglichst allen Beteiligten gerecht werden. Welche problemstabilisierenden Normen und Regeln, welche Wirkung entfalten können und welche Werte dahinterstehen, dazu mehr im Kapitel

3.3. Außerdem darin einige Thesen zu den Antinomien, die Lehrpersonen ausbalancieren müssen, um nicht immer wieder in Konflikte zu geraten.

In den folgenden drei Kapiteln werden diese Perspektiven inhaltlich entfaltet. So soll es möglich sein, auf Konflikte in der Schule (und auch in anderen Lebensbereichen) so zu schauen, dass nicht die Suche nach dem Schuldigen im Vordergrund steht, sondern das Bemühen darum zu verstehen, welche stabilisierenden Aspekte eine Konfliktsituation stützen:

Es ist die Frage auf der intrapsychischen Ebene, wie die Kommunikation in meinem inneren Team meine Handlungsfähigkeit beeinträchtig.

Auf der Interaktionsebene ist es die Frage danach, wie mein Verstricktsein in kommunikative „Spiele" mich hindert, authentisch zu kommunizieren.

Auf der Systemebene geht es darum, inwiefern dysfunktionale Normen und Regeln Konfliktlösungen verhindern. Zudem geht es um das Aushalten von Ambivalenzen.

## 3.1 Die internale Ebene: Chef sein im inneren Team.

Sicher haben sie auch schon die Erfahrung gemacht, dass sie, nachdem sie schwierige Situationen bewältigen mussten, mit sich selbst noch einmal über diese Situationen diskutiert haben. Beispiel: Sie haben vormittags einen heftigen Konflikt mit einem Schülervater gehabt, der sie in einer kurzen Pause mit dem Wunsch „überfallen" hat, eine mangelhafte Note, die sie seinem Sohn gegeben haben, zurück zu nehmen. Wegen der knappen Zeitspanne in der kurzen Pause und ihrer Überzeugung, die richtige Note gesetzt zu haben, lassen sie sich nicht auf ein Gespräch ein und den empörten Vater stehen. Nun nachmittags, alleine im Auto auf dem Weg nach Hause, beginnen sie einen Disput mit sich selbst: Eine innere aggressive Stimme macht ihnen Vorwürfe wegen ihres Gesprächsverhaltens, eine andere beschwichtigende innere Stimme rechtfertigt ihr Verhalten mit der Unverschämtheit des Vaters. Im Verlauf dieser Diskussion meldet sich noch eine weitere ängstliche Stimme, die sie darin erinnert, dass sie im vergangenen Schuljahr schon einmal wegen eines misslungenen Elterngespräches bei ihrem Schulleiter „antanzen" mussten und dort keine Unterstützung erfahren haben. Weitere innere selbstkritische Stimmen sorgen dafür, dass sie sich, als sie zuhause ankommen, wie ein „geprügelter Hund" fühlen.

Das, was hier passiert ist, nenne ich eine Diskussion im inneren Team. Diese Metapher soll verdeutlichen, dass es in uns verschiedene Personenanteile gibt, die eigene Erlebnisse meistens kritisch kommentieren. Eher selten sind bei diesen Diskussionen die Personenanteile in der Überzahl, die unser Selbstwertgefühl stärken. Nun ist die Erfahrung, dass wir mit uns selbst reden, in der Regel kein Hinweis auf eigene massive psychische Probleme. Im Gegenteil: Mit sich selbst zu reden, ist eher ein Zeichen seelischer Gesundheit. Es sollte uns mehr zu denken geben, wenn wir nicht mehr mit uns reden.
Der Begriff „inneres Team" wird von Friedemann Schulz von Thun verwandt. Andere Autoren sprechen von der „inneren Familie" oder einer „inneren Konferenz". Gemeint ist jeweils mehr oder weniger dasselbe. Es geht immer um eine wesentliche Form der Kommunikation mit uns selbst, deren Verlauf und Ergebnis maßgeblich darüber bestimmt, wie wir uns anderen Menschen gegenüber verhalten.

Wegen der großen Bedeutung, die diese innere Kommunikation in unserer Interaktion gerade in Konfliktsituationen mit anderen Menschen hat, möchte ich im Folgenden exemplarisch das Zusammenspiel der verschiedenen inneren Teammitglieder an einem Beispiel aus dem Schulalltag verdeutlichen:
Bitte stellen sie sich folgende Situation vor: Es geht um einen Schüler, der Probleme in Mathematik hat. (Nach der hier ironisch gemeinten Theorie des Kevinismus / Chantalismus gilt:) Schüler, die Probleme haben, heißen überdurchschnittlich oft Kevin. Kevin, ein Schüler der Klasse 7 eines Gymnasiums hat die letzten drei Mathearbeiten eine mangelhafte Note erhalten. Nun kommt es zu einem Gespräch zwischen Kevins Vater, Herrn A., und Kevins Mathelehrerin Frau B. Eine besondere Prägung erfährt das Gespräch dadurch, dass Herr A. ebenfalls Gymnasiallehrer, allerdings an einer Gesamtschule, ist. Er vertritt hier die Fächer Deutsch und Erziehungswissenschaft. Zu Beginn

drückt Herr A. seine Besorgnis wegen der mangelhaften Bewertung seines Sohnes aus und bittet Frau B. um eine differenzierte Einschätzung der Leistungen Kevins. Frau B. weiß, dass Herr A. ebenfalls Lehrer ist, deshalb wählt sie bei ihrer Einschätzung die „extralange Textvariante", d.h. sie erklärt ganz ausführlich, was vom Lehrplan vorgeschrieben ist, welche Leistungen wie in ihre Beurteilung eingeflossen sind usw.. Während Frau B. redet, denkt Herr A. über das nach, was sie sagt: Kevin stand in den Klassen 5 und 6, als er noch von Herrn Müller in Mathe unterrichtet wurde, zwischen befriedigend und ausreichend, jetzt wo Frau B. in Kevins Klasse Mathe unterrichtet, sind seine Leistungen auf mangelhaft abgesackt. Also - denkt Herr A. - muss der Leistungsabfall doch klar auf das Konto der neuen Mathelehrerin gehen. Diese Einschätzung behält er zunächst einmal für sich - er will ja nicht im Gespräch eskalieren. Gleichwohl denkt er: Mal sehen, ob sie von alleine draufkommt und hört weiter zu bzw. stellt weitere Nachfragen. Frau B. kommt aber nicht von alleine drauf, bzw. sie will auch gar nicht daraufkommen. Im Gegenteil: Sie ergänzt ihr Statement noch um ein Kurzreferat zur Entwicklungspsychologie der Pubertät. All dies will Herr A. nicht hören. Irgendwann platzt ihm der Kragen und er sagt zu Frau B.: „Wie erklären sie sich, dass die Leistungen meines Sohnes erst in der Klasse 7 so schlecht geworden sind. Immerhin stand er ja noch bei ihrem Vorgänger Herrn Müller zwischen 3 und 4?" Herrn A.s Mitteilung hört sich an wie eine interessierte Nachfrage. Frau B. hört allerdings einen verdeckten Vorwurf und fühlt diesen wie einen Tritt gegen ihr Schienbein. Dieser Eindruck bringt sie nun ebenfalls auf die Palme. Während ihres längeren Vortrages hat sie wahrgenommen, dass Herr A. durch ihre Äußerungen offensichtlich nicht überzeugt wurde. Seine Körpersprache und seine kritischen Nachfragen sprechen für sie eine eindeutige Sprache. Während sie redete, war sie in ihren Gedanken mehr bei ihrer Einschätzung, dass Kevin sicher weniger Probleme in Mathe hätte, wenn sein Vater dafür sorgen würde, dass er regelmäßig seine Hausaufgaben machte. Weil sie das Gespräch nicht eskalieren lassen wollte, behält sie diese Einschätzung aber für sich. Dann kommt diese unverschämte Frage: „Wie erklären sie sich…?" Frau B. lässt alle Hemmungen fallen und fordert den Vater auf: „Vielleicht sollten sie noch einmal überdenken, ob ihr Sohn an dieser Schule richtig ist!" Dies könnte jetzt der Beginn einer längeren Unterhaltung sein, bei der es aber nicht darum geht, wie Kevin besser gefördert werden könnte, sondern eher um gegenseitige Vorwürfe und Schuldzuschreibungen.

Es g**ibt** in uns verschiedene Personenanteile, **die eigene Erlebnisse meistens kritisch kommentiere**n. Eher selten sind bei diesen Diskussionen die Personenanteile in der Überzahl, die unser Selbstwertgefühl stärken.

Bevor ich mich dem inneren Team von Frau B. zuwende, möchte ich kurz bei der Frage bleiben, was hier passiert ist, dass das Gespräch, obwohl beide es vermeiden wollten, so eskalierte. Frau B. und Herr A. begegnen sich in ihrem Gespräch in ihren jeweiligen Rollen: Mathelehrerin und Vater. Beide haben noch viele andere Rollen. Frau B. ist nicht nur Lehrerin, sie ist ggf. auch Ehefrau und Mutter, Tochter von Eltern, Chormitglied usw. Herr A. ist nicht nur Vater, er ist auch Lehrer, Ehemann, Sohn von Eltern, Vorsitzender einer Bürgerinitiative usw. Jeder von uns ist in vielen verschiedenen Rollen unterwegs. Wenn man uns in den verschiedenen Rollen wiedererkennt, zeigt dies, dass in all unseren Rollen auch unsere Person deutlich wird. Zurück zum Gespräch zwischen Mathelehrerin und Vater: Beiden gelingt es nicht, ihren Konflikt auf der Rollenebene zu klären. Dies wäre z.B. möglich gewesen, wenn sie sich darauf verständigt hätten, Kevin gemeinsam besser zu fördern. Im Verlauf ihres Gespräches fallen beide aus ihrer jeweiligen Rolle, indem sie sich Vorwürfe machen und sich beschimpfen. Sie werden zu Anklägern. Man könnte auch sagen, dass sie ob der gemachten Vorwürfe „persönlich" werden. Leider zeigt sich diese Tendenz in vielen schwierigen Konfliktgesprächen zwischen Lehrpersonen und Eltern. Wenn man dann einmal „persönlich" geworden ist, dann fällt es umso schwerer, wieder auf die Rollenebene zurück zu kommen. Lösungen gibt es in aller Regel aber nur, wenn man sich auf seine Rolle besinnt und darauf, worum es „eigentlich" geht.

Zurück zu Frau B.s innerem Team: Nachdem das Gespräch zwischen der Lehrerin und dem Vater abgebrochen wurde, bleibt bei Frau B. eine große Unzufriedenheit über den zunehmend aggressiver gewordenen Gesprächsverlauf und auch über ihr eigenes Verhalten. Nach ihrer letzten Unterrichtsstunde fährt sie alleine im Auto nach Hause. Spätestens jetzt beginnt ihr inneres Team zu tagen. Im Folgenden möchte ich Frau B.s Teammitglieder kurz vorstellen: Da sind zunächst zwei „Stimmen der Vernunft“: zum einen die Mathelehrerin in ihr und die Pädagogin in ihr. Beide erinnern sie im Verlauf der inneren Diskussion an ihre Rollen und ihre Aufgaben. Im Verlaufe der inneren Diskussion werden diese Beiden jedoch immer leiser, weil die innere „Zensorin“ immer lauter wird. Sie sitzt während der Fahrt auf dem Beifahrersitz und hält Frau B. vor, was sie im Gespräch alles falsch gemacht hat und fällt ein vernichtendes Urteil über ihre Gesprächskompetenz. (Bevorzugt nachts zwischen drei und vier Uhr weckt die Zensorin Frau B. in schöner Regelmäßigkeit, um mit ihr noch einmal die schwierigen Situationen des vergangenen Tages oder der vergangenen Wochen zu diskutieren. Meistens kann Frau B. danach nicht mehr so gut einschlafen.) Der Zensorin widerspricht die innere „Aggressorin“, indem sie auf die Unverschämtheit des Vaters hinweist und das eigene Verhalten nicht nur rechtfertigt, sondern eine noch viel härtere Gangart gegen solche Väter fordert. Leiser und sehr betroffen in der inneren Diskussion ist Frau B.s „Selbstwertgefühl“. Es spürt sehr deutlich die Kränkung und Verletzung, die es durch die unverschämten Vorwürfe des Vaters erfahren hat. Nachdem die innere Diskussion sich im Kreis dreht und sich keine Verhaltensoption durchsetzen kann, meldet sich das, was ich die „innere Mallorcafraktion“ nenne. Sie fragt in die innere Runde, was die ganze Diskussion soll. Sie erinnert daran, dass andere Lehrpersonen in Frührente gehen, sich eine Finca in Mallorca kaufen, aber keinesfalls Gespräche mit unverschämten Vätern führen.

Fragt man nun die besonders laute Zensorin, wie sie sich die Zusammenarbeit im inneren Team vorstellt, würde sie damit antworten, dass Aggressorin, Selbstwertgefühl und Mallorcafraktion verschwinden sollen, sie als Zensorin bestimmt, wo es lang geht und die beiden Stimmen der Vernunft setzen es um. - Selbstverständlich wird dieser Plan, wegen des Widerstandes der Ausgeschlossenen, nicht funktionieren.

Schulz von Thun spricht im Zusammenhang mit dem inneren Team davon, dass sich die verschiedenen Anteile einer Persönlichkeit wie Schauspieler auf einer persönlichen Bühne bewegen. Im Zuschauerraum sitzen die anderen Menschen und nehmen wahr, was auf der Bühne passiert. Im Fall von Frau B. würde das bedeuten, dass sich ihre Teammitglieder auf ihrer persönlichen Bühne bewegen. In aller Regel sind die beiden „Stimmen der Vernunft": Lehrerin und Pädagogin auf der Bühne präsent und werden auch im Zuschauerraum von Schülern, Eltern, Kollegen und der Öffentlichkeit wahrgenommen. Sollten die „Stimmen der Emotion" (Zensorin, Aggressorin, Selbstwertgefühl und Mallorcafraktion) auf der Bühne aktiv werden, so ist dies Frau B. nicht nur nicht recht, sondern ggf. sogar peinlich. Allerdings zeigt die Erfahrung: Je mehr man versucht, diese Akteure los zu werden, indem man sie von der Bühne verbannen will, umso wirksamer werden sie, allerdings so, wie man es nicht möchte. Es gibt demnach keine realistische Möglichkeit für Frau B., ihre unerwünschten Teammitglieder los zu werden. Versucht sie es trotzdem, wird folgendes passieren: Die innere Zensorin wird nicht schweigen, sie wird dafür sorgen, dass nachts Herr A.s Geist auf ihrer Bettkante sitzt, um das abgebrochene Gespräch mit ihr fortzusetzen. Die Aggressorin wird sich nicht ausschalten lassen, sie wird völlig entfesselt reagieren, wenn Herr A. eine Woche nach dem abgebrochenen Gespräch mit seiner Frau, die Rechtsanwältin ist, zu einem weiteren Gespräch kommt. Frau A. hat dazu schon einmal eine ausführliche „Anklageschrift" gegen Frau B. mitgebracht. Versucht sie das Selbstwertgefühl und die Mallorcafraktion zu ignorieren, werden diese dafür sorgen, dass sie auf dem Weg ins Burnout einen großen Schritt macht. Es kann demnach nicht darum gehen, diese Stimmen der Emotion los zu werden, sondern ihnen einen guten Platz im inneren Team zu geben. Würde man diese inneren Stimmen fragen, ob es bei aller Unterschiedlichkeit so etwas wie einen Konsens gibt, würde deutlich werden, dass Frau B.s Teammitglieder das gemeinsame Ziel haben, dazu beizutragen, dass sie, Frau B., erfolgreich und zufrieden ist. Dabei sind die Wege, wie dies vom jeweiligen Teammitglied erreicht werden soll, sehr unterschiedlich ggf. auch gegenläufig. Um allen Teammitgliedern einen guten Platz zu geben, lohnt es sich zunächst nach deren Ressourcen bzw. Kompetenzen zu fragen: So unangenehm die innere Kritikerin auch sein mag, weil sie mehr oder weniger ständig und ungefragt das eigene Verhalten kommentiert und kritisch bewertet, so wichtig ist es, dass sie für die persönlichen Ziele und Wertvorstellungen steht und darauf achtet, dass diesen nicht zuwider gehandelt wird. Die innere Aggressorin steht unter besonderer Beobachtung der Zensorin, weil diese keinesfalls möchte, dass Wut und Aggression auf der persönlichen Bühne unkontrolliert ausbrechen. Gleichwohl bedeutet die Fähigkeit auch mal aggressiv werden zu können eine wichtige Kompetenz für Lehrpersonen. Wie will man ohne diese aggressive Energie - George Bach spricht von konstruktiver Aggression - eigene Wünsche durchsetzen und Grenzen verdeutlichen. Aus der Sicht der Zensorin wird die Mallorcafraktion die eigene Dienstauffassung in Frage stellen, gleichwohl ist sie eine wichtige „Warnlampe", die dann leuchtet, wenn alles zu viel wird. Man könnte sie auch als Agentin für die Work-Life-Balance verstehen. Sie meldet sich mit der Botschaft: Das Leben ist nicht nur Arbeit und Anstrengung, es gibt auch noch andere Themen. Im inneren Team nimmt das eigene Selbstwertgefühl eine zentrale Position ein. Sich selbst zu mögen, auch wenn die innere Zensorin kritische Feedbacks gibt oder die innere Aggressorin gelegentlich unkontrolliert auf die persönliche Bühne tritt oder die Mallorcafraktion an unpassender Stelle die Sinnfrage stellt, ist die zentrale Gelingensbedingung für sach- und personengerechte Interaktion mit anderen Menschen. Da das Selbstwertgefühl jedes Menschen sehr verletzbar ist - Herr A.s verdeckter Vorwurf, sie sei verantwortlich für Kevins schlechte Noten trifft Frau B. genau an dieser Stelle - braucht es Schutz. Dabei kann die eigene Aggressorin hilfreich sein. Es geht darum, sich nichts unkommentiert gefallen zu lassen, was einem nicht gehört. Auch die Mallorcafraktion als Warnlampe kann eine Schutzfunktion übernehmen. Sie schützt ggf. vor eigener Überforderung und Überlastung.

Es kann demnach nicht darum gehen, diese Stimmen der Emotion los zu werden, sondern ihnen einen guten Platz im inneren Team zu geben.

Damit es seine Fähigkeiten optimal nutzen kann, braucht Frau B.s inneres Team noch eine Teamchefin oder wenn man bei dem Bild von der Bühne bleiben will, eine Regisseurin. Dies ist eine innere Instanz, über die jeder halbwegs psychisch gesunde Mensch verfügt, auch wenn sie ihm nicht bewusst ist. Sie trifft die Entscheidungen, was zu tun ist und sie ist auch die innere Instanz, deren Autorität von allen anerkannt wird. Gelegentlich gibt es jedoch Situationen, wie z.B. Gespräche mit dem Ehepaar A., in denen sich die Teamchefin vorübergehend verabschiedet oder es zulässt, dass andere Teammitglieder die Leitung übernehmen. Dann geht auf der inneren Bühne „die Post ab": Jedes Teammitglied möchte das Kommando übernehmen, vor allem die Zensorin möchte putschartig die Macht an sich zu reißen, um endlich einmal die eigenen Ansprüche durch zu setzen. Dies wird natürlich von den anderen Teammitgliedern nicht akzeptiert. Der äußere Effekt: Man kann sich nicht entscheiden, dreht sich im Kreis und kommt in der Sache nicht weiter.

Das folgende Beispiel soll die Bedeutung der Teamchefin verdeutlichen: Mal angenommen Frau B. kommt nach einem anstrengenden Schultag nach Haus. Die Sonne scheint. In ihrem Kopf taucht die Frage auf: "Gehe ich zum Korrigieren direkt an meinen Schreibtisch oder setze ich mich erstmal mit einem Cappuccino auf die Terrasse?" Frau B.s Teamchefin beruft ihr inneres Team ein und stellt die Frage: Schreibtisch oder Terrasse? In der dadurch angestoßenen inneren Diskussion meldet sich zunächst die Zensorin mit dem nachdrücklichen Votum für den Schreibtisch. Eine ganz andere Idee hat die Mallorcafraktion: Terrasse und Cappuccino. In der Regel wird die Teamchefin unter Berücksichtigung der äußeren Umstände eine Entscheidung treffen, die von allen, wenn auch murrend, akzeptiert wird. So wird Frau B. handlungsfähig.

Wie sichert man nun die eigene Handlungsfähigkeit? Um im Bild zu bleiben, indem man die Position des eigenen inneren Teamchefs stärkt. Was bedeutet dies nun in dem o.g. Konflikt zwischen Frau B. und Herrn A.? Ein wichtiger Reflexionsschritt für Frau B. wäre es, sich bewusst zu machen, welche ihrer Teammitglieder in der Konfrontation mit dem Vater auf der Bühne sind. Indem sie sich dies klar macht, steht sie gedanklich auf der Position der Teamchefin. Allein dies verhindert, dass ein anderes Teammitglied bei nächster Gelegenheit das Kommando übernimmt. Neben dieser Reflexion nach der Gesprächssituation kann es sehr hilfreich sein, sich an verschiedene frühere Situationen zu erinnern, in denen man seine Handlungsfähigkeit bedroht sah oder gar vorübergehend verloren hatte. Reflektiert man diese Situationen auf dem Hintergrund der Metapher vom inneren Team wird man feststellen können, welche Teammitglieder das Kommando übernommen haben und welche Teammitglieder man hätte stärker nutzen sollen. Es kann demnach nicht darum gehen, diese Stimmen der Emotion los zu werden, sondern ihnen einen guten Platz im inneren Team zu geben. So kann man u.U. wertvolle Hinweise erhalten, welche vernachlässigten Teammitglieder man vor einem geplanten Konfliktgespräch in den Blick und mit ins Gespräch nehmen sollte. Dazu ein Beispiel: Lehrpersonen an kirchlichen Schulen (aber nicht nur dort) lernen sehr schnell, dass der innere Aggressor äußerst unerwünscht ist und gefesselt und geknebelt irgendwo in der hintersten Ecke der persönlichen Bühne eingesperrt gehört. Dies wird u.U. dazu führen, dass diese Lehrpersonen sich z.B. in Elterngesprächen widerstandslos und schuldbewusst mit den Vorwürfen der Eltern (= deren innere Aggressoren) und denen des eigenen inneren Zensors konfrontiert sehen, obwohl es sehr viel zielführender gewesen wäre, mit Unterstützung des eigenen inneren Aggressors ungerechtfertigte Anwürfe zurückzuweisen und Verantwortlichkeiten zu benennen. Nicht möglich ist es, in der laufenden Interaktion die Position der Teamchefin zu stärken. Es würde beim Gegenüber befremdlich ankommen, wenn ich erklären würde, ich müsse zunächst einmal mein inneres Team aufstellen. Für jedes Gespräch, nicht nur für Konfliktgespräche, ist es hilfreich das eigene Selbstwertgefühl nicht nur zu schützen, sondern auch zu stützen. Kränkungen und Selbstwertverletzungen entstehen vor allem dann, wenn wir dazu neigen, Kritik, Vorwürfe oder auch Anforderungen, wie oben beschrieben, zu persönlich zu nehmen.

Dabei hilft es, sich bewusst zu sein, eine Berufsrolle einzunehmen. Ich vergleiche dies mit der Tätigkeit eines Schauspielers. Der geht nachmittags ins Theater zieht ein Kostüm an, schminkt sich und nimmt so z. B. die Rolle des Hamlet ein. Nach der abendlichen Vorstellung und dem verdienten Applaus schminkt er sich ab, zieht seine privaten Klamotten an und wird so wieder zum Ehemann / Freund /

Gaststättenbesucher o.ä. Es wäre mehr als befremdlich,wenn er die dramatischen Ereignisse im Theaterstück persönlich nehmen würde und den Rest des Abends zuhause oder in einem Lokal weiter als Hamlet auftreten würde. Das, was für Schauspieler selbstverständlich ist, könnte m.E. auch eine gute Anregung für Lehrpersonen sein. Wenn ich mir bewusst mache, dass ich in der Schule eine Rolle übernehme z.B. die der kompetenten und zugewandten Lehrperson, dann fällt es mir leichter, weil distanzierter, mit bestimmten belastenden Erfahrungen umzugehen. Ähnlich wie ein guter Schauspieler mit seiner Person in eine Rolle geht und nur dann als glaubwürdig erlebt wird, wenn er darin authentisch ist, kann eine Lehrperson nur dann glaubwürdig kompetent und zugewandt sein, wenn sie dies in ihrer Person authentisch vermittelt. Eine Rolle zu spielen, heißt demnach nicht, nicht echt zu sein. Wenn ich nicht mit der ganzen Person, mit meiner Haltung und meinen Werten in der Rolle deutlich werde, dann kommt meine Botschaft bei meinen Adressaten nicht an. Das Bewusstsein in der Schule eine Rolle zu spielen, hilft mir, dann, wenn ich wieder zuhause bin, eine andere Rolle anzunehmen. (Vermutlich würde es in meiner Familie nicht gut angekommen, wenn ich mich weiterhin in meiner Lehrersprache und mit Lehrerattitüden präsentieren würde.) Es würde auch helfen, feiner zu unterscheiden, was mich persönlich meint und was an meine Rolle gerichtet ist.

## 3.2 Die interaktionale Ebene: „Komm spiel mit mir!" - Über problematische Muster in der Kommunikation

Neben der Betrachtung von Konfliktsituationen auf der internalen Ebene = die Kommunikation mit sich selbst z.B. mit der Metapher des inneren Teams, lohnt sich die Betrachtung von Konfliktsituationen auf der interaktionellen Ebene = das, was in solchen Auseinandersetzungen zwischen den beteiligten Menschen passiert.

Die Alltagserfahrung zeigt, dass da, wo Menschen zusammenleben und / oder zusammenarbeiten, Konflikte entstehen. Sie können durchaus der Motor für Veränderungen sein und da, wo es gelingt, sie konstruktiv zu lösen, zu besseren zwischenmenschlichen Beziehungen und / oder zu besseren Arbeitsergebnissen führen.

Jiranek und Erdmüller definieren, was sie unter einem Konflikt verstehen, wie folgt: „Ein Konflikt ist in erster Linie gekennzeichnet durch das Vorliegen scheinbar unvereinbarer Interessen mit hoher emotionaler Belastung bei mindestens einem der Konfliktpartner, die in der Regel eher zu- als abnimmt. Der Umgang mit dem Konfliktpartner ist ganzheitlich beeinflusst und beeinträchtigt. Die Lösung wird - wenn überhaupt - darin gesehen, dass der Andere sich oder etwas mit ihm sich ändern muss". Verharren die Beteiligten in einer Konfliktsituation oder versuchen sie, ihre Interessen mit Gewalt durchzusetzen, führt dies in aller Regel dazu, dass die vorhandenen Beziehungen und Kooperationen massiv gestört sind und enorme emotionale Kosten entstehen. Die Konfliktbeteiligten neigen dazu, eine Schuld- oder Sündenbockperspektive einzunehmen nach dem Motto: „Einer von uns beiden muss sich ändern und mit dir fangen wir an!" Lange Zeit hat auch die Konfliktpsychologie bei der Betrachtung von Konflikten auf die Konfliktbeteiligten geschaut, so etwa mit der Frage: Wer verursacht mit seinem Verhalten den Konflikt? Diese Frage nach den Ursachen liegt nahe bei der Frage nach dem Schuldigen. Erfahrungsgemäß lässt sich diese Frage nur selten abschließend so beantworten, dass alle der Antwort zustimmen.

Versuchen die Beteiligten ihre Sicht durchzusetzen, führt dies dazu, dass sie sich kommunikativ im Kreis drehen, in der Sache nicht weiterkommen und sich dabei schlecht fühlen.

Eric Berne und seine Schüler haben sich genau mit dieser Form problematischer Kommunikation näher beschäftigt. Dabei interessieren sie sich nicht für die Frage, wer ist schuld oder macht etwas falsch, sondern eher dafür, wie die Beteiligten es hinkriegen, überhaupt einen Konflikt zu haben. Diese Frage ermöglicht einen „entmoralisierten" Blick auf das Konfliktgeschehen und auf die Beteiligten. Berne nennt Kommunikationsabläufe, die sich wiederholen und für die Beteiligten belastend sind, „Spiele". Er hat in den 1960er Jahren ein Buch mit dem Titel „Spiele der Erwachsenen" geschrieben. Hier geht es um problematische

Muster in der Kommunikation, die sich unbewusst konstellieren. Im Deutschen würden wir diese eher als „Spielchen" bezeichnen. Solche psychologischen Spiele erkennt man an drei Merkmalen:

- Die Kommunikation zwischen zwei oder mehreren Menschen dreht sich im Kreis: Man hat zum xtenmal einen Disput mit einem Schüler, der den Unterricht stört. Man weiß ganz genau, wie der Schüler antwortet, wenn man ihn auffordert aufmerksam zu sein und man weiß auch schon, was man selbst wieder darauf antwortet usw..
- Man kommt in der Sache bzw. dem eigenen „eigentlichen" Anliegen nicht weiter. Das eigentliche Anliegen ist z.B., mit dem Unterricht wie geplant fort zu fahren. Das was dann passiert ist, dass man darüber diskutiert, ob der ermahnte Schüler „immer" und zu Unrecht angesprochen wird und alle anderen „Störer" von der Lehrperson übersehen werden.
- Man fühlt sich nicht gut bei dieser Art von Kommunikation. Der eigene Ärger über die unnütze Diskussion wächst. Gleichzeitig fühlt man sich hilflos.

Das folgende Beispiel soll verdeutlichen, wie sich ein solches Spiel im Schulalltag abspielen könnte: Zwei Kollegen haben die Aufgabe, mit der Klasse 9 eines Gymnasiums eine mehrtägige Klassenfahrt durchzuführen. Einer der beiden Kollegen Herr C. ist seit 27 Jahren im Schuldienst und hat in dieser langen Zeit schon sehr viele Klassenfahrten begleitet. Kollegin D. ist Berufsanfängerin und die geplante Fahrt wird ihre erste Klassenfahrt als Lehrperson sein. Die beiden treffen sich nun zu einem ersten Vorgespräch zu der geplanten Fahrt. Natürlich werden die Eltern und die Schüler noch mit einbezogen, es geht hier um eine erste Vorabsprache. Das Gespräch könnte nun folgendermaßen ablaufen: Herr C: „Frau Kollegin, sie sind ja nun ganz neu an der Schule und haben sicher eine gute Idee, wo wir dieses Mal hinfahren könnten!" Frau D: „Ja, ich hätte eine gute Idee: Wie wäre es denn, wenn wir mit der Klasse nach Köln fahren würden. Köln ist eine sehr lebendige Stadt?" Herr C:"Ja, Köln ist sicher ein attraktives Ziel, aber denken sie doch mal daran, dass viele unserer Schüler vom

Land kommen und mit den Eindrücken der großen Stadt überfordert sein könnten. Außerdem, der Verkehr in dieser Stadt ist nicht ganz ungefährlich!" Frau D.: "Gut, wenn sie meinen. Wie wäre es denn stattdessen mit einer Fahrt ins Sauerland?" Herr C.: "Ja, das Sauerland bietet viel Natur, aber sind Sie nicht auch der Meinung, dass gerade für unsere Schüler etwas Kultur gut wäre?" Frau D.:" Ich habe jetzt schon zwei Vorschläge gemacht, mit denen Sie nicht einverstanden waren. Machen sie doch jetzt bitte auch einmal einen Vorschlag!" Herr C:" Ich finde, wir sollten während der Fahrt etwas für die Klassengemeinschaft tun. Ich habe gehört, dass sie früher in der Jugendarbeit aktiv waren, da haben sie doch sicher tolle Ideen, die wir während der Fahrt umsetzen können!" Frau D.: "Ja, aber dann muss ich ja doch schon wieder Vorschläge machen! Herr C.: "Ja, aber seien sie doch froh, dass sie gefragt werden. Als ich vor 27 Jahren an dieser Schule angefangen habe, wäre ich froh gewesen, wenn ich gefragt worden wäre!" Usw..

Das was hier abläuft, ist das sogenannte „Ja-aber-Spiel". Das ist eines der problematischen Muster von Kommunikation, das gerade in Akademikerkreisen besonders beliebt ist. Dadurch, dass die Sätze von Herrn C. und dann auch die von Frau D. mit „Ja, aber" beginnen, drehen die Beiden sich kommunikativ im Kreis, kommen in der Sache keinen Schritt weiter und werden zunehmend ärgerlich. Nun ist das Ja-aber-Spiel nur eines von sehr vielen möglichen „Spielen".

Berne nennt Kommunikationsabläufe, die sich wiederholen und für die Beteiligten belastend sind, „Spiele" (= games). Er meint damit problematische Muster in der Kommunikation, die sich unbewusst konstellieren. Im Deutschen würden wir diese eher als „Spielchen" bezeichnen.

Stephen Karpman, ein Schüler Eric Bernes, hat das sogenannte „Dramadreieck" entwickelt. Es handelt sich dabei um eine Art Metamodell aller denkbaren „Spiele". Drama steht für Spiele und das Dreieck verweist auf drei klassische Rollen, die man im Spiel einnehmen kann. Die drei Rollen heißen Verfolger, Retter, Opfer. Wichtig dabei ist es zu bedenken, dass es sich hier um Rollen und nicht um

Persönlichkeitsmerkmale oder Charaktereigenschaften handelt. Jemand ist demnach nicht Verfolger wie er blaue Augen hat. Es handelt sich um eine Rolle, die jemand in einer bestimmten Situation einnimmt, er könnte auch eine andere Rolle einnehmen. Karpman geht davon aus, dass jeder von uns mindestens eine dieser Rollen, vermutlich auch mehrere, spielen kann. So gibt es wahrscheinlich auch eine Rolle, die uns „besonders liegt", d.h. auf die wir vor allem in Stresssituationen zurückgreifen können.

Was ist nun mit den einzelnen Rollen gemeint? Menschen, die Verfolgerrollen spielen, treten sehr dominant auf, sie bewerten andere Menschen und ihr Verhalten negativ, sie fordern, sie äußern Wünsche, indem sie Vorwürfe machen (In der Kaffeepause wünschen sie sich, dass ein Kollege ihnen den Kaffee reicht. Anstatt diesen Wunsch zu äußern, sagen sie zu dem Kollegen: "Na, Hauptsache, du hast den Kaffee!") und sie unterstützen das von ihnen Gesagte mit dem ausgestreckten Zeigefinger.

Opfer spielen dazu die komplementäre Rolle. Sie ziehen, wie magisch das Unglück der Welt an sich. Lehrpersonen, die diese Rolle spielen, haben immer die schwierigsten Klassen und die problematischsten Eltern, sie müssen bevorzugt das Fach unterrichten, das sie am wenigsten mögen und sie haben den schlechtesten Stundenplan und all das in jedem Schuljahr. Menschen, die die Opferrolle spielen, gehen mit der unausgesprochenen Aufforderung an andere durchs Leben: "Hau ruhig auf mich drauf, ich bin sowieso das Letzte!"

Menschen die, die Retterrolle spielen, gehen mit der Frage durchs Leben: „Wo gibt es ein Problem, das ich lösen könnte?" Retter können ungeklärte Situationen nicht gut aushalten, sie vermitteln zwischen Konfliktparteien, auch wenn sie nicht darum gebeten wurden und Retter handeln nach dem Motto: „Wir reparieren Gefühle, tun, was andere denken und erleiden für sie ihre Konsequenzen!"

Alle diese Rollen beschreiben problematisches Kommunikationsverhalten. Zum Glück sind wir nicht immer „Spieler", nur dann, wenn man in Kommunikationssituationen in der Sache, der gemeinsamen Aufgabe, der anzustrebenden Lösung nicht weiterkommt, sich kommunikativ im Kreis dreht und sich dabei nicht gut, ärgerlich, wütend, hilflos, traurig fühlt. Wenn zwischenmenschliche Kommunikation diese drei Merkmale hat, dann sind die Beteiligten wahrscheinlich in ein „Spiel" verwickelt. Es handelt sich demnach um ein Modell problematischer Kommunikation und nicht von Alltagskommunikation.

| In einem „Spiel" gibt es drei Rollen, die man einnehmen kann: Verfolger, Retter oder Opfer. |
|---|

Eine der problematischen Rollen einzunehmen, konstituiert noch kein Spiel. Dazu müssen die Beteiligten sich auf einander beziehen. Dazu ein Beispiel aus dem Familienalltag: Familie ist überhaupt das ideale Terrain für „Spiele": man kennt sich gut und so genügt manchmal ein Wort, um ein „Spiel" in Gang zu setzen: Mutter, Vater und 15jährigeTochter diskutieren die Frage, wie lange die Tochter am Samstagabend „raus" darf. Der Vater eröffnet das Spiel als zunächst verdeckter Verfolger (V) und sagt zur Tochter: „Eins will ich dir sagen, am Samstag bist du um zehn Uhr zuhause! Darüber gibt es auch keine Diskussion!" Die Tochter steigt langsam in die Opferrolle (O) ein: „Alle anderen in meiner Klasse dürfen bis zwölf Uhr. Ich bin wieder die einzige Doofe!" Die Mutter beginnt sich als Retterin(R) zu positionieren: „Kind, dein Vater meint es doch nur gut. (Zum Vater) Vielleicht sollten wir eine Ausnahme machen! Wenn alle in ihrer Klasse bis zwölf bleiben dürfen! Ich bin auch bereit, sie so spät abzuholen!" Der Vater zur Mutter: „Das ist wieder typisch, du fällst mir in den Rücken! So sieht bei dir Erziehung aus!" Die Mutter wechselt in die V-Rolle und sagt zum Vater: „Das sagt einer, der so gut wie nie zuhause ist und jetzt meint, er müsse sich als großer Erzieher aufspielen!" Die Tochter wechselt in die R-Rolle:" Mama und Papa, ihr müsst doch deshalb nicht streiten. Ich kann auch am Samstag ganz zuhause bleiben. Der Vater nimmt die O-Rolle und sagt zu den Beiden: „Macht doch, was Ihr wollt! Meine Meinung hat hier doch noch nie eine Rolle gespielt!" Usw. An dieser kurzen Sequenz lassen sich Merkmale eines „Spiels" verdeutlichen: Sie kommen in der Sache nicht weiter, drehen sich kommunikativ im Kreis, indem sie im Gespräch die Rollen wechseln und keiner fühlt sich gut dabei.

Wie sich das Ganze in einem Kollegium abspielen könnte, soll das folgende Beispiel verdeutlichen: Der Stadtdirektor von L., einer Kleinstadt mit 15000 Einwohnern, wendet sich an die Schulleiterin der örtlichen Grundschule Frau E. mit folgendem Anliegen: „ Sie wissen ja, dass wir in L. sehr darum bemüht sind, unsere Stadt attraktiver zu machen. Dazu brauchen wir ihre Unterstützung. Demnächst steht ja wieder die Advents- und Weihnachtszeit an. Wir haben nun die Absicht an den vier Adventssamstagen zur Hebung der weihnachtlichen Stimmung und zur Belebung des Einzelhandels auf dem Platz vor der Stadtkirche einen kleinen Weihnachtsmarkt aufzubauen. Wir haben die wirklich gute Idee, sie von unserer Grundschule zu bitten, jeweils samstags von 11.00 bis 13.00 Uhr mit einer Gruppe von Schülern und zwei Lehrpersonen mit einer Gitarre auf diesem Weihnachtsmarkt Advents- und Weihnachtslieder zu singen. Das wäre doch auch für sie eine tolle Möglichkeit, sich in der Öffentlichkeit zu präsentieren. Sicher kämen alle Eltern und die Regionalpresse werden wir auch informieren. Können wir da mit ihnen rechnen?" Frau E: „ich werde das mit meinem Kollegium besprechen und melde mich dann wieder!" Einige Tage später auf der nächsten Lehrerkonferenz trägt die Schulleiterin die Bitte des Stadtdirektors vor und fragt die Bereitschaft ab, dem Anliegen der Stadt nachzukommen. Angenommen das Kollegium diskutiert dieses Thema in einer problematischen Art und Weise, dann könnte das Gespräch folgendermaßen ablaufen. Zunächst melden sich die Verfolger (V): „Das ist doch eine Unverschämtheit von diesem Stadtdirektor. Was sollen wir denn noch alles tun? Glaubt der, wir haben im Advent nichts anderes zu tun. Wenn ich nur schon wieder an die Weihnachtsfeiern in den Klassen denke und wieviel unbezahlte Mehrarbeit wir dann leisten müssen. Ich sehe nicht ein, mich da hin zu stellen. Und überhaupt, dass sie als Schulleiterin sich das aufs Auge drücken lassen, das ist wieder typisch. Warum haben sie das unsinnige Anliegen nicht sofort zurückgewiesen!" Schweigen im Kollegium. Dann melden sich die Opfer (O): „Na gut, wenn es keiner machen will, muss ich mich da wohl hinstellen. Ich kann zwar keine Gitarre spielen und ihr wisst ja, dass ich es an den Nieren habe und wenn ich dann vier Samstage in der Kälte stehe, bin ich wahrscheinlich an Weihnachten krank. Aber das interessiert ja hier sowieso keinen, ob man krank ist oder nicht!“ O sagt zwar, dass es bereit ist, sich an den Adventssamstagen vor die Stadtkirche zu stellen, sagt es aber so, dass man sich, würde man das Angebot annehmen, wie ein „Kollegenschwein“ vorkäme. Nach Os Statement greift V O an: „Das ist doch wieder typisch. Ich versuche einmal in diesem Kollegium eine Solidarität gegen dieses unverschämte Anliegen der Stadt herzustellen und was machst du? Du fällst mir in den Rücken. Ich habe es nicht anders erwartet!“ Der „Retter“ versucht O zu retten und sagt zu V:“Kollege, hier geht es doch nicht um mangelnde Solidarität. Lass uns doch sachlich über die Anfrage der Stadt diskutieren. Auf jeden Fall sollten wir unsere nierenkranke Kollegin entlasten!“ Darauf V zu R.: „Halte du dich da raus. Du meinst wohl, weil du Religionslehrer bist, musst du überall deine Harmoniesoße drüber gießen. Das geht mir schon lange auf den Geist!“ Usw. Das „Spiel“ nimmt Fahrt auf und es geht inzwischen schon lange nicht mehr um die Anfrage der Stadt.

Schaut man als Unbeteiligter auf diese Art von Kommunikation, so fragt man sich schnell danach, was der Sinn des Ganzen ist und warum Menschen mit so viel Engagement und Ausdauer „Spiele“ spielen, wenn doch offensichtlich nichts dabei herauskommt. Diese Frage haben sich Eric Berne und seine Schüler auch gestellt. Hier einige Thesen aus ihrer Antwort:

- Alle Menschen haben ein Grundbedürfnis nach „strokes“ (= Aufmerksamkeit, Anerkennung und Zuwendung). Wir sammeln diese „strokes“ in einem inneren Gefäß (= pot). Ist dieses Gefäß gut gefüllt, haben wir ein gutes Selbstwertgefühl, d.h. wir akzeptieren uns so, wie wir sind und mögen uns auch so, wie wir sind. Leider verlernen wir es im Laufe unserer Sozialisation, andere Menschen um „strokes“ zu bitten, damit wir aber dennoch welche bekommen, fangen wir an „Spiele“ zu spielen. Auch wenn wir bei einem „Spiel“ nicht die strokes bekommen, die wir wirklich wollen, so fallen doch für jeden Spieler einige „strokes“ ab. Der Verfolger bekommt die Aufmerksamkeit der Anderen und er kann viel Raum einnehmen. Das Opfer erhält die Zuwendung des Retters und der

Retter erfährt die Anerkennung der anderen Menschen für seinen selbstlosen Dienst.

- Claude Steiner, ebenfalls ein Schüler Eric Bernes, geht davon aus, dass wir in der Regel im Alltag eine Vielzahl von „strokes" bekommen und sei es nur das freundliche „guten Morgen" des Nachbarn oder das Lächeln der Kassiererin im Supermarkt, wir nehmen sie aber nicht als solche wahr. Er hat fünf **problematische Regeln** unseres Umgangs mit Anerkennung, Aufmerksamkeit und Zuwendung identifiziert:
    1. Wenn du Anerkennung bekommst, dann nimm sie nicht an. Eine Lehrperson hat mit viel Engagement und Sorgfalt eine Klassenfahrt vorbereitet und durchgeführt. Alle Kinder und auch die Eltern sind begeistert. Eine Mutter bedankt sich bei der Lehrkraft. Diese antwortet: „Ach wissen Sie, das war doch nichts Besonderes. Das hätte doch jeder Kollege genauso gemacht!" Wenn du Anerkennung bekommst, dann nimm sie nicht an.
    2. Wenn du Anerkennung oder Aufmerksamkeit bekommst, die du nicht möchtest, dann nimm sie trotzdem an. Diese Regel lernt man u.U. schon in der frühen Kindheit. Bsp.: Der vierjährige Junge bekommt von seiner Tante eine Puppe geschenkt, weil sie der Meinung ist, dass Jungs nicht nur mit Autos, sondern auch mit Puppen spielen sollten. Die Mutter sagt zu dem Kind: „Geh zur Tante und bedanke dich für die schöne Puppe!" Der Junge antwortet wahrheitsgemäß: „Mir gefällt die Puppe aber nicht!" Darauf die Mutter: „Wenn man etwas geschenkt bekommen, sagt man, vielen Dank für das schöne Geschenk, auch wenn einem dieses nicht gefällt!" Wenn du Anerkennung oder Aufmerksamkeit bekommst, die du nicht möchtest, dann nimm sie trotzdem an.
    3. Bitte niemals um Anerkennung, Aufmerksamkeit oder Zuwendung. Bevor du jemanden um etwas bittest, mache es selbst, auch wenn es dich überfordert. Von einem guten Beispiel für die Wirksamkeit dieser Regel erfuhr ich in der

Supervision mit einer Ordensfrau, die in einem Konvent mit zehn Mitschwestern lebt. In diesem Konvent hat alles seine feste Ordnung. Es ist klar, wer wo an dem gemeinsamen Tisch sitzt, wo die einzelnen Speiseschüsseln, Platten oder Kannen platziert werden und auch wer sich etwas nimmt und an wen weitergibt. Nun will es diese Ordnung, dass beim gemeinsamen Frühstück die Milch so ungünstig platziert ist, dass die o.g. Ordensfrau nur dann an die Milchkanne kommt, wenn eine besser platzierte Schwester diese weiterreicht. Vergisst sie dies, trinkt unsere Ordensfrau ihren Kaffee lieber schwarz, denn beim Frühstück aufzustehen, ist für sie genauso ein „No go", wie es sich für sie nicht gehört, um die Milch zu bitten. Bitte niemals um Anerkennung, Aufmerksamkeit oder Zuwendung

4. Gib Anderen keine Anerkennung, es sei denn, du musst. Wenn man in Schwaben lebt, kennt man den Satz: „Nicht geschimpft, ist genug gelobt! In Westfalen ist das höchste Lob eines Münsterländers: „Da kann man nichts gegen sagen!" Oder manche Familien kennen den Satz: „Das Gute ist das Selbstverständliche!" Der Schulleiter eines Gymnasiums vertrat die Auffassung, er müsse von seinen Mitarbeitern 120% Leistung verlangen, damit er 100% bekommt. In einem von solchen Sätzen geregelten Umfeld wird es nur sehr wenige bis gar keine „strokes" geben. Das ändert allerdings nichts daran, dass das Bedürfnis danach unverändert fortbesteht. Gib Anderen keine Anerkennung, es sei denn, du musst.
5. Gib dir selbst keine Anerkennung. Dazu passt der Satz: „Eigenlob stinkt!" Es gehört sich nicht, sich selbst auf die Schulter zu klopfen, auch wenn dies gerechtfertigt wäre. Schließlich weiß man, dass mit mehr eigener Anstrengung und Zielstrebigkeit das Erreichte noch besser dastehen würde. Um dieser Regel nach zu kommen, sollte man seinen inneren Kritiker ordentlich „füttern".

Sollte ich nicht in der Lage sein, um „strokes" zu bitten oder vorhandene „strokes" anzunehmen, entsteht in meinem „pot" ein Loch. Ich kann Aufmerksamkeit, Anerkennung und Zuwendung anderer Menschen im wahrsten Sinne des Wortes nicht fassen. Gleichwohl brauche ich für eine innere Stabilität ein gewisses Level von „strokes" in meinem „pot". „Spiele" zu spielen ist ein Versuch, das vorhandene Defizit auszugleichen. Kurzfristig bringt dieses Verhalten eine Linderung - langfristig lässt es das Loch nur noch größer werden.

Wir spielen „Spiele", da wir glauben nur so die für unseren Selbstwert wichtige Aufmerksamkeit und Anerkennung zu bekommen.

Auch wenn sich die beschriebenen Kommunikationsmuster unbewusst konstellieren - normalerweise wird niemand absichtsvoll Verfolger, Retter, Opfer spielen - ist es die Aufgabe, im Sinne konstruktiver Kommunikation, bewusst aus einem begonnenen Spiel auszusteigen bzw. erst gar nicht einzusteigen.

Bevor im Folgenden einige Hinweise zur Spielvermeidung und zum Spielausstieg gegeben werden, lohnt es sich der Frage nachzugehen, wie man in ein „Spiel" hineinkommt. Folgt man den Überlegungen von E. Berne, so ist die wichtigste Fähigkeit, die man braucht um ein „guter Spieler" zu sein, die Fähigkeit auf zwei Ebenen gleichzeitig kommunizieren zu können. Auf der sozialen Ebene spricht man etwas aus und auf der verdeckten, unausgesprochenen psychologischen Ebene bekommt die mitgeteilte Botschaft ihre Bedeutung, mitunter wird sie sogar konterkariert. Dazu ein Beispiel: Eine „Opfermutter" hat eine „Rettertochter". Die Tochter fragt: "Mama, soll ich dir bei der Hausarbeit helfen?" Darauf die Mutter mit Leidensmiene und jammervollem Unterton: „Ach nein mein Kind, triff du dich lieber mit deinen Freundinnen, ich komme schon irgendwie klar!" Wenn die Mutter sich auf diese Weise verbal und nonverbal äußert, weiß die Tochter, dass sie ihrer Mutter selbstverständlich helfen muss. Auch wenn diese das Gegenteil gesagt hat.

Um in ein „Spiel“ zu kommen und auf Dauer drin zu bleiben, braucht es demnach einen attraktiven Köder und es braucht die Bereitschaft, diesen Köder aufzunehmen.

Joines und Stewart, zwei Vertreter der Transaktionsanalyse (TA), haben ein ausdrucksstarkes Bild für diese „Zweisprachigkeit“. Sie gehen davon aus, dass wir alle potentiellen Spieler sind und als solche ein T - Shirt tragen. Als Verfolger, Retter oder Opfer. Auf der jeweiligen Vorderseite steht die soziale Botschaft und auf der Rückseite die psychologische Botschaft.

Bei den Verfolgern steht vorne: „Komm, setz dich mit mir auseinander!“ Menschen, die Verfolgerrollen spielen, diskutieren gerne. Auf der Rückseite steht: „Und ich werde dir beweisen, dass du unrecht hast!“ Trifft ein Verfolger nun auf einen anderen Verfolger ist die Botschaft auf der psychologischen Ebene eine richtige Provokation. Für einen echten Verfolger kann es nicht sein, dass ein anderer etwas besser weiß oder sogar das letzte Wort hat. Diese Provokation wirkt wie ein Köder, der den Anderen ins Spiel hineinlockt.

Auf der Vorderseite des „Opfershirts“ steht: „Bitte hilf mir. Bitte sag mir, wo es lang geht!“ Auf der Rückseite steht der Satz: „Aber du wirst mir auch nicht helfen können!“ Dieser Satz ist ein unwiderstehlicher Köder für jeden Retter. Für den kann es nämlich kein Problem auf dieser Welt geben, das man zumindest anfanghaft versuchen kann zu bewältigen. Auch wenn der Retter schon etliche vergebliche Rettungsversuche unternommen hat, ist dies kein Grund seine Mission zu beenden.

Auf der Vorderseite des „Rettershirts“ steht der Satz: „Nimm meine Hilfe / meinen Rat an!“ Retter sind sehr hilfsbereite Menschen mitunter bis zur Selbstaufgabe. Auf der Rückseite steht der Satz: „Aber wehe, wenn du alleine klarkommst. Dann kann ich dich ja nicht mehr retten!“ Liest ein Mensch in der Opferrolle diesen Satz besteht der Köder darin, dass er sich gerne von dem Retter zeigen lässt, dass er nicht alleine klarkommt. So bestätigt sich sein Selbstbild.

Um in ein Spiel zu kommen und auf Dauer drin zu bleiben, braucht es demnach einen attraktiven Köder und es braucht die Bereitschaft, diesen Köder aufzunehmen. Nur zur Erinnerung: Das Ganze passiert unbewusst. Hier nun einige Hinweise zur Vermeidung eines „Spiels" bzw. zum Ausstieg aus demselben:

1. Der erste Hinweis knüpft an dem Stichwort: Köder an. Wenn ich weiß, was meine bevorzugte Rolle im Dramadreieck ist, habe ich auch eine Idee von dem für mich attraktiven Köder. Um kein Spieler zu sein, muss ich diesen Köder liegen lassen können. So muss ich es als Mensch mit „Verfolgerqualitäten" ignorieren oder aushalten können, dass ein anderer Verfolger behauptet, er wisse etwas besser als ich. Leider bedeutet dies für einen richtigen Verfolger einen hohen „Preis". Gäbe es diesen Preis nicht, wäre es ganz einfach, aus einem „Spiel" auszusteigen. Habe ich „Opferqualitäten" und möchte kein Spieler sein, muss ich darauf verzichten können, mich einer kollegialen Runde zum Thema: „Wir häkeln einen Jammerlappen" anzuschließen. Ich muss im Gegenteil bereit sein, die Verantwortung für mein Leben, mein Glück und mein Unglück zu übernehmen. Habe ich „Retterqualitäten" und möchte aus einem „Spiel" aussteigen, muss ich es aushalten können, dass immer wieder meine Hilfe angefordert wird und ich diese Wünsche nicht erfülle, auch wenn mir vermittelt wird, meine Hilfe sei überlebensnotwendig. All dies sind „Preise", die es schwer machen, nicht mehr mitzuspielen oder in ein Spiel einzusteigen. **Ein erster Hinweis heißt somit: Sich der eigenen Rolle im Dramadreieck bewusst zu werden und mögliche Köder liegen zu lassen.**

2. Stellt man fest, dass man in einem „Spiel" gebunden ist, gibt es die Möglichkeit, die mitspielenden Kommunikationspartner einzuladen, sich die Art und Weise der Kommunikation gemeinsam von der Metaebene aus zu betrachten. Dazu ein Beispiel: Wenn ich mich mit einem Anderen in einem „Ja, aber Spiel" im Kreis drehe, haben wir die Möglichkeit, auf unsere Art zu kommunizieren (= ein „Spiel" zu spielen) zu schauen,

dadurch Distanz zu gewinnen und unser „Spiel" zu beenden. Indem wir etwa die Benutzung des Begriffes „Ja, aber" vermeiden, nur noch ja oder nein sagen und aber durch und ersetzen. Dies funktioniert allerdings nur, wenn beide dazu bereit sind. Ist mein Kommunikationspartner dazu nicht bereit und versuche ich es trotzdem, gerate ich schnell in die Rolle des „Psychologisierers". Sind beide dazu bereit, kann dies eine gute Möglichkeit sein, aus einem Spiel auszusteigen. In meiner Tätigkeit als Paarberater hatte ich immer wieder mit sogenannten Streitpaaren zu tun. Dies sind Paare, die unentwegt streiten. In der Regel hat es in den Beratungen nicht lange gedauert, bis sie auch hier begannen zu streiten. Dabei vergaßen sie, dass ich auch noch anwesend war. Irgendwann fiel dies auf und einer der Beiden sagte zu dem Anderen: „Hör doch auf zu streiten, wir sind doch hier, um uns zu vertragen! Was soll denn der Berater von uns denken?" Mit den folgenden „Gedankenspielereien" habe ich dann versucht, die Beiden auf die Metaebene einzuladen: „Mal angenommen, sie als Mann wollten einmal eine Woche Urlaub davon machen, sich mit ihrer Frau zu streiten, so wie sie es gerade getan haben und ich wollte sie vertreten - nur im Streiten. Was müsste ich tun, damit ich genauso streite wie sie? Wie machen sie das: streiten?" Darauf der Mann: „Ich mache gar nichts, meine Frau macht das!" Der Mann sieht sich als ohnmächtiges „Opfer" seiner Frau. Von der Metaebene aus gesehen, lässt sich leicht verdeutlichen, dass beide einen sehr aktiven Beitrag zum Streit leisten. Natürlich ist diese „Gedankenspielerei" für das Paar zunächst eine ziemlich verrückte Idee. Gelingt es aber, die Beiden für meine Beobachtungen zu interessieren und ihnen ihren ganz persönlichen Beitrag zum Streit zu verdeutlichen, erkennen sie in der Regel die Unsinnigkeit ihres Tuns. Wenn dies gelingt, kann es sein, dass in der folgenden Beratungssitzung der Mann erzählt, dass sie beide wieder einmal mit einem Ja aber Spiel beschäftigt waren, bis seine Frau ihn und sich darauf aufmerksam gemacht habe. „Dann mussten wir beide lachen und konnten den Streit sofort beenden," fasst er zusammen.

**Ein zweiter Hinweis lautet: Wenn die Beteiligten dazu bereit sind, schauen sie sich ihre Kommunikation von der Metaebene aus an.**

3. Friedemann Schulz von Thun macht in seinem Vierohrenmodell der Kommunikation darauf aufmerksam, dass jede Botschaft vier Seiten hat. Je nachdem mit welchem Ohr ich höre, komme ich schnell oder weniger schnell in ein „Spiel". Das folgende Beispiel aus dem familiären Alltag soll dies verdeutlichen: Ein Ehepaar sitzt vor der dem Fernseher. Der Mann sagt zu seiner Frau: „Du, das Bier ist alle!" Je nachdem, wie der Mann dies gemeint hat (= welche Seite der Botschaft er anspricht) und welches Ohr die Frau geöffnet hat (= welche Seite der Botschaft sie hört), wird sie sehr unterschiedlich reagieren. Sicher ist es für ihn die angenehmste Reaktion, wenn sie aufsteht und ihm wortlos ein neues Bier holt. Hier realisiert sich der Appellaspekt. Hat man bevorzugt das Appellohr auf, gerät man sehr schnell in ein „Opferspiel".
   Die zweite Reaktionsmöglichkeit auf den Hinweis des Mannes ist schon deutlich unangenehmer für ihn. Seine Frau: „Ich bin doch nicht deine Dienstmagd. Hol dir gefälligst dein Bier selber!" Hier kommt der Beziehungsaspekt zur Geltung. Sie hört seine Mitteilung so, als habe er gesagt: „Ach übrigens, mit dem Bier ist das hier so geregelt: Du bist für das Holen zuständig, ich für das Trinken!" (Möglicherweise hat er es ja auch so gemeint!) Dagegen verwahrt sie sich mit ihrer Reaktion. Wenn man bevorzugt das Beziehungsohr geöffnet hat oder dahingehend sendet, gerät man sehr schnell in ein „Verfolgerspiel".
   Am wenigsten schnell gerät man in ein Spiel, wenn man bevorzugt das Selbstmitteilungsohr geöffnet. Für das o.g. Beispiel würde das bedeuten, dass die Frau auf die Botschaft ihres Mannes antwortet: „Das tut mir aber leid für dich!" Sie nimmt seine Mitteilung: „Das Bier ist alle!", als Selbstmitteilung ihres Mannes, mit der sie zunächst einmal nichts zu tun hat. So als würde er sagen: „Ich war heute Morgen

beim Zahnarzt!" Hat man das Selbstmitteilungsohr geöffnet, gerät man nicht so schnell in ein „Spiel". Leider haben die meisten Menschen, insbesondere das Appellohr und das Beziehungsohr trainiert. Sie denken, sie müssten etwas für andere tun oder sie hätten etwas falsch gemacht oder würden (zu Unrecht) beschuldigt.
**Der dritte Hinweis lautet deshalb: Möglichst das Selbstmitteilungsohr trainieren.**

**4.** Sowohl im privaten wie im beruflichen Kontext sind wir immer in bestimmten Rollen unterwegs: Privat bin ich Vater, Ehemann, Freund usw. – Beruflich bin ich Kollege, Mitarbeiter, Vorgesetzter usw.. Ein„Spiel" zu spielen, bedeutet aus diesen Rollen zu fallen. In einem Streit mit meinem Chef, der sich zu einem „Spiel" entwickelt, bin ich plötzlich Staatsanwalt, verhalte mich wie ein hilfloses Kind oder wie ein überfürsorglicher Sozialarbeiter. Ich verhalte mich dann nicht so, wie es meiner „eigentlichen" kontextbezogenen Rolle entspricht. Um aus einem „Spiel" auszusteigen, braucht es die Rückkehr in meine kontextgemäße Rolle. Eine wichtige Frage, um dahin zu kommen, lautet: „Was will ich, bezogen auf meine tatsächliche Rolle, in diesem Moment? Welche Aufgabe steht an? Um was geht es hier „eigentlich"?" Bsp.: Die Mutter einer Fünftklässlerin an einem Gymnasium in einem Elterngespräch zur Klassenlehrerin ihrer Tochter: „Frau F. wie erklären sie sich, dass meine Tochter jeden Morgen mit Bauchschmerzen in die Schule geht?" Diese Frage könnte der Einstieg in ein Verfolger – Opferspiel sein. Dann steckt in der Frage der verdeckte Vorwurf: „Du bist schuld!" und die Einladung an die Lehrerin: „Rechtfertige Dich!" Nimmt die Lehrerin diese Einladung an und beginnt aufzuzählen, was sie schon alles für einen guten Einstieg ihrer Klasse getan hat, dann kommt in einem „Spiel" der nächste Vorwurf der Mutter und die nächste Rechtfertigung usw.. Am Ende sind beide frustriert und verärgert. Keine hat das bekommen, was sie wollte. Wie hätte nun der Ausstieg aus einem Spiel aussehen können, indem z.B. die Lehrerin aus ihrer kontextbezogenen Rolle kommuniziert hätte.

Als engagierte Lehrerin kann sie einen gewissen Respekt von der Mutter erwarten. Der ist nicht gegeben, wenn die Mutter sie verdeckt wie die Staatsanwältin eine Angeklagte anspricht und deren Rechtfertigung für einen unausgesprochenen Vorwurf einfordert. Die Lehrerin kann die offensichtliche Sorge der Mutter teilen, sie auffordern einen möglicherweise vorhandenen Vorwurf zu konkretisieren, dazu Stellung nehmen und der Mutter ihre Kooperation zur Bewältigung der Bauchschmerzen der Tochter anbieten. Bezogen auf den o.g. Spielausstieg heißt das: Die Lehrerin geht nicht in die Rolle der Angeklagten und wirkt so darauf ein, dass die Mutter sich wieder in ihre Mutterrolle begibt und nicht in die Rolle der Anklägerin. Sie bietet der Mutter ihre Empathie für deren Sorge an und konfrontiert gleichzeitig die verdeckte Form der Kommunikation. („Gibt es ihrerseits einen Vorwurf gegen mich und wenn ja, wie lautet der?")
**Der vierte Hinweis lautet: Sich auf das besinnen, worum es „eigentlich" geht!**

5. Stellt man fest, dass man kommunikativ in ein „Spiel" verwickelt ist und die o.g. Hinweise zum Ausstieg lassen sich nicht umsetzen, empfiehlt es sich, das Gespräch ggf. mit dem Hinweis auf eine spätere Fortsetzung zu beenden. Je länger man im „Spiel" bleibt, desto höher wird der „Preis", den man dafür bezahlt. Sei es durch eine wachsende Eskalation (Verfolgerspiel), sei es durch den zunehmenden Eindruck ausgenutzt zu werden (Retterspiel) oder durch große Hilflosigkeit und Passivität (Opferspiel). Beendet man ein „Spiel" wird dies aller Voraussicht nach nicht auf Zustimmung der anderen „Mitspieler" treffen. Im Gegenteil, sie werden mit einigen Mitteln versuchen, das „Spiel" fortzusetzen. Sie werden die „Köder" auslegen, die liegen zu lassen dem Ausstiegswilligen besonders schwerfällt. Es trotzdem zu tun, hat ebenfalls einen Preis, der jedoch im Vergleich zu dem o.g. Preis deutlich geringer und in aller Regel auch nur einmal zu entrichten ist. Oft gelingt es mit einem zeitlichen

Abstand und der Besinnung darauf, worum es eigentlich in einem Gespräch gehen soll, den unterbrochenen Faden noch einmal aufzunehmen und „spielfrei" zu kommunizieren.
**Der fünfte Hinweis lautet: Wenn sich keiner der o.g. Hinweise realisieren lässt, beende das „Spiel" zum frühestmöglichen Zeitpunkt.**

Vermutlich ist unter Menschen, die in sozialen Berufen arbeiten (dazu sollen hier auch Lehrpersonen gezählt werden) die Zahl der potentiellen „Retter" leicht überrepräsentiert. „Retten" wird hier als problematisch von Helfen unterschieden. Anderen Menschen zu helfen, wenn sie der Hilfe bedürfen, gehört zu den wesentlichen Aufgaben aller im sozialen Bereich Tätigen. Helfer werden zu „Rettern", wenn ihr Engagement nicht zur Lösung von Problemen führt, sich nutzlos im Kreis dreht und alle Beteiligten unzufrieden, enttäuscht oder wütend sein lässt. Im Folgenden in Anlehnung an M. Gührs und C. Nowak einige Hinweise zur Vermeidung des Rettungsspiels:

- **Keine Hilfe ohne Kontrakt.** Insbesondere für die Tätigkeit professioneller Helfer gibt es so etwas wie einen Kontrakt darüber, welche Art von Hilfe angezeigt ist, wie die Kooperation zwischen Helfer und Hilfsbedürftigen aussehen soll, welche Ziele mit der Hilfe erreicht werden sollen u.a.. Nicht immer ist dieser Kontrakt explizit (= ausgesprochen und transparent). Erfahrene Helfer neigen schon einmal dazu zu wissen, was die Hilfsbedürftigen brauchen, auch wenn sie dies nicht kommunizieren. Bsp.: Die Mutter eines 14jährigen Jungen ist ratlos, weil ihr Sohn immer mal wieder die Schule schwänzt und bittet deshalb den Klassenlehrer ihres Kindes um ein Gespräch. Der angesprochene Lehrer hört sich nur kurz die Klage der Mutter an und beginnt dann gut gemeinte Erziehungsratschläge zu verteilen. Die Mutter antwortet auf jeden Ratschlag mit den Worten: Ja aber… Am Ende des Gespräches geht sie frustriert nach Hause, weil sie sich unverstanden fühlt. Der Lehrer ist ebenfalls enttäuscht, weil seine guten und begründeten Ratschläge offensichtlich nicht bei der Mutter ankommen. Hier wäre es sicher hilfreich gewesen, wenn beide zunächst darüber gesprochen hätten, welche Hilfe die Mutter von dem Lehrer erwartet und welche seinerseits möglich ist.

| Helfer werden zu „Rettern“, wenn ihr Engagement nicht zur Lösung von Problemen führt, sich nutzlos im Kreis dreht und alle Beteiligten unzufrieden, enttäuscht oder wütend sein lässt. |
|---|

- **Halte niemanden für hilflos, es sei denn, er ist ohnmächtig.** Wenn ein Mensch sich als hilflos zu erkennen gibt, neigen wir dazu, ihn auch für hilflos zu halten. Diese Einschätzung führt dann u.U. zu dem gerade beschriebenen kontraktlosen Engagement des Helfers. Zielführender ist es, davon auszugehen, dass der „Hilflose“ immer noch über einige Ressourcen verfügt, die er bisher noch nicht genutzt hat, um seine Probleme zu lösen. Genau genommen ist es nur in besonderen Situationen möglich, dass ein Helfer die Probleme eines anderen Menschen löst. Fehlt es an Informationen, Expertise oder Ressourcen kann der Mensch, der darüber verfügt, helfen, die Probleme eines anderen Menschen zu lösen. In vielen anderen Situationen ist bestenfalls Hilfe zur Selbsthilfe möglich. Bsp: Hat ein Schüler das Problem, dass ihm Informationen fehlen, um ein Referat zu erstellen, dann kann die Expertise der Lehrperson bei der Problemlösung helfen. Hat der Schüler aber das Problem, dass er nicht motiviert ist, ist eine Problemlösung sehr viel komplizierter. Es lohnt demnach zu unterstellen, dass Menschen, die sich hilflos fühlen, nicht tatsächlich hilflos sind - es sei denn, sie sind ohnmächtig.

- **Wenn dein Gegenüber sich hilflos fühlt, dann hilf ihm zunächst, seine vorhandenen Kräfte zu sammeln, bevor du für ihn etwas tust.** Dieser Hinweis knüpft an den vorigen an. In aller Regel ist Hilflosigkeit kein Zustand, der 24 Stunden am Tag, sieben Tage die Woche andauert - auch wenn es sich für Betroffene so anfühlen mag. Viel wahrscheinlicher ist es, dass betroffene Menschen zwischenzeitlich gut oder wenigstens besser mit einem Problem klarkommen. Wenn dem so ist, dann nutzen sie eigene vorhandene Fähigkeiten. Auf diese sollte sich der Helfer fokussieren und den Betroffenen darin stärken. Beispiel: Ein Schüler macht selten bis gar nicht seine Hausaufgaben. Vermutlich gilt dieser Zustand nicht für alle Fächer und auch nicht an jedem Tag gleich. So macht er im Fach Deutsch wenigstens gelegentlich und im Fach Englisch keine Hausaufgaben oder macht montags nie, aber dienstags und donnerstags gelegentlich Hausaufgaben. Immer wenn er Hausaufgaben erledigt, zeigt er, dass er grundsätzlich dazu in der Lage ist, diese Fähigkeit allerdings nur sporadisch nutzt. Für die Problemlösung ist es zielführender, sich zunächst einmal darauf zu fokussieren, was er kann und wie er diese Fähigkeiten auch in anderen Fächern oder an anderen Wochentagen nutzen kann.

- **Zur Lösung des Problems eines anderen leiste nie mehr als 50% der Arbeit.** Dieser Hinweis schützt vor Überforderung des Helfers; gleichzeitig stellt er in Rechnung, dass betroffene Menschen durchaus in der Lage sind, einen eigenen Beitrag zur Lösung ihrer Probleme zu leisten. Es lässt sich nicht exakt berechnen, wieviel genau 50% sind, allerdings haben die meisten Menschen ein gutes Gespür dafür, wenn sie mehr zur Problemlösung beitragen als die Betroffenen selbst.

- **Tue nichts, was Du auch nicht wirklich willst, sonst bist Du in der Gefahr ein Retter zu sein.** Zweifellos gibt es, gerade in der Schule, immer wieder Situationen, in denen man etwas tun muss, was man nicht gerne macht. Gewissermaßen in der Erfüllung einer Pflicht. Wird man um Hilfe gebeten, lohnt es sich, den Zeitpunkt zu beachten, ab dem die Hilfeleistung nur mit Widerwillen stattfindet. Dazu zwei Beispiele: Stellen sie sich vor, sie sind eine Lehrperson und haben jeden Dienstag in der ersten großen Pause Aufsicht mit einem Kollegen. Während ihres gemeinsamen Weges über das Schulgelände erzählt ihnen dieser inzwischen zum 25mal seine Leidensgeschichte. Am liebsten würden sie sagen: „Erzähl das doch einmal jemand anderem. Ich habe es nun mehr als ausreichend oft gehört und mir fällt auch nichts mehr dazu ein. Weil sie aber ein kollegialer Mensch sind, sagen sie das nicht, sondern sie tun so, als hätten sie die Geschichte gerade zum erst Mal gehört und geben die Kommentare und stellen die Fragen, die sie schon ca. 25mal gestellt haben. Während sie das tun, wissen sie ganz genau: Nächste Woche am Dienstag in der ersten großen Pause höre ich alles zum 26. Mal. Ein anderes Beispiel aus dem privaten Umfeld: Jeden Sonntagabend 20.15 Uhr ruft sie ein guter Freund an, um ihnen von den neusten Katastrophen aus seinem Leben in aller Ausführlichkeit zu berichten. Auch wenn sie viel lieber Tatort sehen würden, hören sie sich alles geduldig an, geben Ratschläge, die alle mit „ja, aber…" beantwortet werden und wissen bei alledem, dass nichts von dem, was sie sagen bei ihrem Gegenüber etwas verändern wird. Leiden ist halt leichter als handeln.

### 3.2.1 Exkurs: Passivität oder Wer will hier eigentlich was von wem?

Eine besondere Form problematischer Kommunikation, die sich ebenfalls als „Spiel" beschreiben lässt, wird im „Passivitätskonzept" der Transaktionsanalyse vorgestellt. N. Wilbertz spricht dann von Passivität, wenn ein Mensch, die Fähigkeiten, die er zur Verfügung hat, sein Leben aktiv zu gestalten und seine Probleme selbst zu lösen, nicht nutzt. Dazu ein Beispiel: Frau G., Referendarin an einem Gymnasium in M., hat gerade eigenverantwortlich eine Deutschstunde in der 7.Jahrgangsstufe gehalten. Nun führt sie mit ihrem Mentor, Herrn H., ein Reflexionsgespräch zu ihrem Unterricht. Auf die Frage des Mentors nach ihrer Selbsteinschätzung äußert sich Frau G. sehr selbstkritisch. Sie stellt ihre Fähigkeiten als Lehrerin grundsätzlich in Frage und gibt zu verstehen, dass sie schon seit Beginn ihrer Ausbildung darüber nachdenkt aufzuhören. Herr H. versucht, sie „aufzubauen", indem er sie auf die seiner Meinung nach gelungenen Phasen ihres Unterrichts aufmerksam macht. Aber Frau G. bleibt bei ihrer vernichtenden

Selbstkritik. Dieser Wechsel von „aufbauenden Worten" und „Selbstkritik" wiederholt sich noch einige Male bis das Gespräch ergebnislos endet. Dieses kommunikative „Spiel" führt dazu, dass Frau G. die Möglichkeiten, die sie hätte, ihre Situation zu verbessern, nicht nutzt. Mit anderen Worten, sie verbleibt im Zustand der Passivität. Das „Passivitätskonzept" (nach A.J.Schiff) lässt sich in drei Begriffen zusammenfassen:

Abwertung ⇨ Passivität ⇨ Symbiose

Die Abwertung der eigenen Möglichkeiten führt in Passivität, diese wiederum hat das (unbewusste) Ziel der Herstellung bzw. Aufrechterhaltung einer Symbiose. Abwertung bedeutet, bezogen auf Frau G., dass sie die Möglichkeiten auf Veränderung ihrer Situation nicht sieht und nicht nutzt. Sie hält sich für unfähig, daran etwas zu ändern bzw. sie hält die Situation, der sie sich ausgesetzt sieht, für unveränderbar. Sie sagt: „Alle, Schüler, Eltern, Kollegen, die Schulleitung und meine Fachleiter, sind gegen mich. Immer bekomme ich die schwierigsten Lerngruppen. Ich hatte hier doch nie eine Chance!" Durch diese „Grandiositäten" (= verzerrte Wahrnehmung, Unter- bzw. Übertreibung) versetzt sie sich quasi in einen tranceähnlichen Zustand von: Ich kann nicht…! Diese Abwertung der eigenen Möglichkeiten fordert ihren Mentor auf, in das Passivitätsspiel einzusteigen. Je mehr er versucht, sie „aufzubauen", umso mehr betont sie ihre Hilflosigkeit und Ohnmacht. Frau G.s Selbstabwertung führt sie in den Zustand der Passivität.

| Passivität meint: Ein Mensch nutzt die Fähigkeiten, die er zur Verfügung hat, sein Leben aktiv zu gestalten und seine Probleme selbst zu lösen, nicht. |
|---|

N.Wilbertz beschreibt vier verschiedene Arten passiven Verhaltens:

- **Nichtstun**: Ein typisches Beispiel dafür ist ein Schüler, der zwar körperlich anwesend ist, sich jedoch so gut wie nie meldet und, mit seiner Passivität konfrontiert, schweigt. Auf Frau G. bezogen, würde dies u.U. bedeuten, dass sie nach ihrer ersten vernichtenden Selbstkritik schweigt und die Rückmeldungen ihres Mentors achselzuckend über sich ergehen lässt.

- **Überanpassung:** Überangepasst ist derjenige, der seine Probleme dadurch zu lösen versucht, dass er die Ziele und Bedürfnisse anderer Menschen zu erspüren sucht und sie sich unter Missachtung seiner eigenen Gefühle und Bedürfnisse zu eigen macht. Solche Schüler konzentrieren sich z.B. in einer Klasse stets darauf, was der Lehrer wohl von ihnen hören möchte, anstatt eigenen Impulsen nachzugehen. Auf Frau G. bezogen, könnte Überanpassung bedeuten, dass sie wortreich all das wiedergibt, was ihr ihre Fachleiter schon zurückgemeldet haben und zum Ausdruck bringt, dass in ihrer nächsten Stunde bestimmt alles besser würde.
- **Agitiertes Verhalten:** Tausend Dinge aufgreifen und wieder fallen lassen bzw. immer wieder dieselben sinnlosen und nicht zielgerichteten Handlungen wiederholen bei gleichzeitiger körperlicher Unruhe. Frau G. würde dann Aussagen zu einer Vielzahl von Aspekten ihres Unterrichts (einzelne Schüler, Arbeitsmaterialien, Einstieg usw.) oder auch zu ihrer privaten Situation zusammenhanglos tätigen, ohne zu dem Stellung zu nehmen, was etwa ihr Mentor sagt. (Eine „milde Form" agitierten Verhaltens kennt vermutlich jeder, der schon einmal ein Examen machen musste: Eigentlich müsste man am Schreibtisch sitzen und den Prüfungsstoff lernen, aber dann fällt einem ein, dass man auch einmal wieder die Fenster putzen müsste…)
- **Sich unfähig machen und/oder Gewalttätigkeit:** Entladung der aufgestauten Energie in Form von Nervenzusammenbrüchen, Weinkrämpfen, unbeherrschbaren vegetativen Symptomen oder eben durch Anwendung von Gewalt gegen sich und andere. In jedem Fall dient das Verhalten dazu, andere zu zwingen, die Verantwortung für einen zu übernehmen. Bei einem solchen passiven Verhalten würde Frau G. weinend zusammenbrechen oder krank werden.

Das unbewusste Ziel passiven Verhaltens ist der Aufbau bzw. die Aufrechterhaltung einer Symbiose. In Anlehnung an eine Definition aus der Biologie bedeutet Symbiose die Verschmelzung zweier Lebewesen zum beiderseitigen Nutzen. Psychologisch beschreibt der Begriff zunächst einmal die (gesunde) Beziehung zwischen einem Säugling und seiner Mutter. In der TA beschreibt Symbiose aber auch eine ungesunde, nicht entwicklungsförderliche Beziehung zweier (erwachsener) Menschen miteinander.

| Das unbewusste Ziel passiven Verhaltens ist der Aufbau bzw. die Aufrechterhaltung einer Symbiose. |
|---|

E. Berne geht davon aus, dass ein „gesunder" Mensch in der Interaktion mit anderen Menschen drei sog. Ich-Zustände (= verinnerlichte Ich-Zustände mit dem entsprechenden Denken, Fühlen, Handeln) nutzen kann. Kommuniziere ich aus dem Eltern-Ich (EL) teilen sich sozusagen die Eltern oder andere wichtige Autoritätspersonen in mir mit. Bin ich im Erwachsenen-Ich (ER) meldet sich der vernünftige, sachliche und abwägende Erwachsene in mir. Im Kind-Ich (K) meldet sich mein inneres Kind mit allen entsprechenden Gefühlen (von Begeisterung bis Wut), kindlich naiven Sichtweisen und entsprechenden Handlungsimpulsen. (Zu den verschiedenen Ich-Zuständen siehe auch im Anhang das Arbeitsblatt 7)

Es ist nicht nur der Erwachsenen-Ich Anteil, den es zu nutzen gilt. Angesichts einer sehr lebendigen aber nicht arbeitsfähigen Klasse ist es sehr hilfreich, wenn man als Lehrperson auf Eltern-Ich Kompetenzen zurückgreifen kann, um mit Verständnis und Strenge eine Arbeitsatmosphäre herstellen zu können. Plant man mit Kollegen eine neue Unterrichtsreihe ist die Kommunikation aus dem Erwachsenen-Ich sehr nützlich. Hat man als Lehrperson einen dienstlichen Fehler begangen und ist zur Schulaufsicht zitiert worden, schadet es keinesfalls, wenn man sein angepasstes Kind-Ich mitnimmt.Optimal ist es, wenn man je nach Situation auf alle Ich-Zustände zurückgreifen kann.

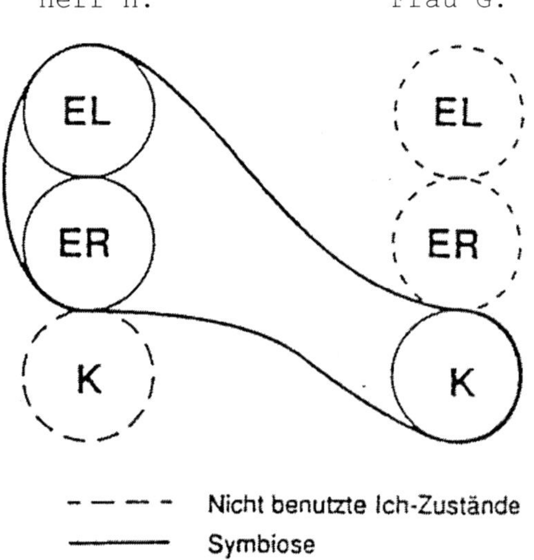


Frau G. gelingt es in dem Gespräch mit ihrem Mentor lediglich ihr Kind-Ich zu nutzen. Ihre Eltern- und Erwachsenen-Ich Anteile sind wie abgeschnitten. Ihr (unbewusstes) symbiotisches Angebot an Herrn H. lautet nun: „Gib du mir deine EL und ER Anteile, ich bleibe im K. So können wir kommunikativ zu einem Wesen verschmelzen!" Wenn Herr H. versucht sie fürsorglich aufzubauen (EL) und ihr sachliche Hinweise gibt, was sie verbessern kann (ER) nimmt er (unbewusst) dieses Angebot an und trägt so dazu bei, dass Frau G. in ihrem K bleiben kann.

In der Definition von Symbiose war die Rede von „beiderseitigem Nutzen". Frau G.s Nutzen ist evident - sie braucht sich nicht zu ändern und muss dafür auch keine Verantwortung übernehmen - was ist der Nutzen für Herrn H.? Solange Herr H. in seinem EL und in seinem ER bleibt, braucht er sich nicht mit seinem eigenen K zu konfrontieren. D.h. Gefühle von Hilflosigkeit bzw. Wut, die Frau G. mit ihrem Verhalten zweifellos in ihm hervorruft, spürt er gar nicht, weil er damit beschäftigt ist, Frau G. den rechten Weg zu zeigen. Will Herr H. seine Referendarin darin unterstützen, aus der Passivität in die Aktivität (= Verantwortung für ihr Verhalten und die Veränderung ihrer Situation) zu gelangen, sollte er sich an sein K erinnern. Was das nicht bedeuten bzw. bedeuten kann, sollen die folgenden Gesprächssequenzen zeigen:

- Gesprächseinstieg Variante 1: Auf die Frage nach ihrer Selbsteinschätzung formuliert Frau G. eine vernichtende Selbstkritik: „Ich weiß auch nicht, was heute mit mir los war. Meine Einstiegsphase ist völlig misslungen. In der Gruppenarbeitsphase haben die Kinder nur Unfug gemacht. Ich schaffe es einfach nicht. Das ist alles zu viel. Ich zweifele daran, jemals eine halbwegs gute Lehrerin sein zu können!" Herr H. (aus seinem EL und K): „Jetzt sind sie sicher sehr enttäuscht, aber werfen Sie doch nicht gleich die Flinte ins Korn. Ihr Stundenentwurf war doch gar nicht so schlecht. Jetzt gehen wir die einzelnen Phasen einmal systematisch durch und überlegen, wie sie es hätten besser machen können!" Darauf Frau G. (immer noch in ihrem K): „Danke für ihre Hilfe, aber ich komme einfach mit der Klasse nicht klar. Nächste Woche kommt mein Fachleiter zum zweiten Unterrichtsbesuch und ich weiß nicht, wie ich das schaffen soll. Ich sitze alleine in meinem Zimmer ohne Ideen, weit weg von meinen Eltern, fremd in dieser Stadt und in diesem Kollegium. Ohne sie, Herr H., wäre ich ganz verloren!" Herr H. (aus seinem fürsorglichen EL): „Nur Mut! Wir können uns ja in den nächsten Tagen auch mal außerhalb der Schule treffen. Ich bringe dann das Material, das ich zuhause zu diesem Thema gesammelt habe mit. Gemeinsam schaffen wir das!" Frau G.: „Könnten sie mir dann auch sagen, wie ich mit der Klasse klarkomme, sie wissen das doch!"
- Gesprächseinstieg Variante 2: Auch hier formuliert Frau G. zu Beginn des Gespräches ihre vernichtende Selbstkritik. Herr H. (diesmal aus seinem kritischen EL): „Die Stunde war zum Abgewöhnen, da haben sie völlig recht. Was haben sie sich dabei eigentlich gedacht. Ihr Unterrichtsentwurf war bezogen auf das, was sie da vorne gemacht haben, reine Makulatur!" Frau G. beginnt zu weinen. Herr H. (bleibt im kritischen EL): „Jetzt reißen sie sich doch mal zusammen. Ich sage nur, was ich gesehen habe. Wie soll es jetzt weiter gehen. In der nächsten Woche steht der nächste Unterrichtsbesuch an. Wie wollen sie den mit einem halbwegs vernünftigen Ergebnis überstehen?" Frau G. (heftig schluchzend, immer noch im K): „Können sie mir nicht helfen, sie haben

doch bestimmt Material zu dieser Unterrichtsreihe?" Herr H. (immer noch im kritischen EL): „Soll ich vielleicht auch noch ihren Unterrichtsentwurf anfertigen? Soweit kommt es noch?" Frau G. (immer noch heulend, aber jetzt trotzig): „Und ich dachte, sie wären mein Mentor!?"

- Gesprächseinstieg Variante 3: Frau G. formuliert ihre vernichtende Selbstkritik. Darauf Herr H. (aus seinem K): „Ich bin auch sehr enttäuscht. Ich hätte ihnen so sehr gewünscht, dass es gelingt!" Längeres Schweigen – Frau G. (in ihrem K, beginnt zu weinen): „Nächste Woche habe ich den nächsten Unterrichtsbesuch! Was soll ich nur machen?" Schweigen. Herr H. (immer noch aus seinem K): „Sie sehen mich ziemlich ratlos!" Schweigen. Frau G. (verzweifelt, aus ihrem K): „Aber sie sind doch der erfahrene Mentor, sie müssen mir doch helfen können!" Herr H. (aus seinem K und ER): „Sie müssen nächste Woche beim Besuch ihres Fachleiters den Unterricht durchführen. Wie groß ist denn ihre Zuversicht, dass sie die Aufgabe bewältigen?" Frau G. (zögerlich aus ihrem ER): „Nicht sehr groß, vielleicht 10%!" Herr H. (aus seinem ER): „Dann lassen sie uns nur mit diesen 10% weiterreden! Was könnten sie tun, damit hier und jetzt aus 10% dann 15% werden?" Frau G. (aus ihrem ER): „Meine Referendarskollegin Anne hatte beim letzten Seminar zu meiner Unterrichtsreihe eine gute Idee!" Herr H. (aus seinem ER): „Dann erzählen sie doch mal!"

Beim Vergleich der drei Gesprächseinstiege zeigt sich, dass dann, wenn der Mentor fürsorglich oder kritisch-strafend reagiert, Frau G. in ihrem hilflosen bis trotzigen K bleibt. Erst wenn Herr H. seine eigene Hilflosigkeit ins Wort bringt (sicher hätte er gute Ideen, wie er die Unterrichtsstunde gestalten würde; hilflos ist er allerdings darin, Frau G. an ihre EL- und ER – Kompetenzen zu erinnern), Frau G.s Schweigen aushält und gleichwohl die anstehende Aufgabe thematisiert, beginnt Frau G. ganz langsam ihr eigenes EL (Wo will ich hin?) und ER (Wie komme ich dahin?) zu nutzen.

In der dritten Gesprächsvariante spricht Herr H. von seiner Hilflosigkeit. Hier geht es nicht darum, dass er

„schauspielert“, wenn er sich daran erinnert, was Frau G.s hartnäckiges passives Verhalten in ihm auslöst, dann braucht er nur davon zu sprechen. Herr H. ist sicher nicht hilflos, wenn es um die Gestaltung einer Unterrichtsstunde geht, hilflos wird er sich darin fühlen, Frau G. in die Aktivität zu bringen. In dem obigen Schaubild wird deutlich, dass eine Symbiose nur möglich wird, wenn Herr H. sein K abspaltet. Je mehr er die hilflosen und ohnmächtigen Gefühle seines K ausdrückt, umso schwerer wird es für Frau G. ihre zweifellos vorhandenen EL und ER Ich-Anteile zu ignorieren. Vermutlich kann Frau G. die letztgenannten Ich-Anteile in anderen Kontexten gut nutzen. Vielleicht ist sie verheiratet und hat ein Kind und kommt damit gut zurecht oder sie ist in ihrer Freizeit die erfolgreiche Trainerin einer Mädchenfußballmannschaft. Lediglich in ihrer Rolle als „Auszubildende“, die unter starkem Bewertungsdruck steht, vergisst sie ihre EL und ER Ich-Anteile. Das was Herr H. tun kann, ist Frau G.`s Symbioseangebot zu konfrontieren, indem er sie nicht aus der Anforderung entlässt, alle ihre Ich-Kompetenzen zu nutzen.

Eltern neigen dazu, von Lehrpersonen zu erwarten, dass sie Lösungen für alle Probleme in und mit der Schule haben.(„Wir haben das Problem und sie haben doch die Lösung, oder?“) Leider gibt es bei manchen Kollegen die Bereitschaft, diese Erwartung unbedingt erfüllen zu wollen. Dass dies eine Falle sein kann, wurde in dem Kapitel über „Spiele“ bereits erläutert. Auch hier kann die Besinnung auf die K - Ich-Anteile helfen, dieser Falle zu entgehen. Gleichwohl ist es gerade Eltern gegenüber schwer, eigene Hilflosigkeit und Ohnmacht anzusprechen und nicht ihre „Heilserwartungen“ zu erfüllen. Dazu muss ich nicht eigene Fähigkeiten verleugnen, ich muss lediglich mitteilen, was ist. Im Übrigen werden die betroffenen Eltern die Gefühle von Hilflosigkeit und Ohnmacht im Umgang mit ihren „auffälligen“ Kindern auch sehr gut kennen. Es bedeutet auch nicht vor deren Verhalten zu resignieren. Es bedeutet, dass möglichst jeder der an der Erziehung Beteiligten die ihm zustehende Verantwortung nimmt.

### 3.3 Die Systemebene: „Nein, wir haben hier keine festen Plätze im Lehrerzimmer, aber das hier ist mein Platz!" – Über interne Normen und Regeln / Ambivalenzen.

Wenn Menschen zusammenleben und arbeiten, bilden sich in diesen Gruppierungen sehr schnell interne Regeln und Normen heraus. Auf Neudeutsch sind dies die „To Do´s" und die „Not to Do´s". Diese haben die Funktion, die Komplexität in einer Gruppierung zu reduzieren und die dort geltenden Werte zu schützen. (So schützt die Norm: „Du sollst nicht töten!" den Wert des menschlichen Lebens.) Dass Normen und Regeln Werte schützen, gilt selbstverständlich auch in Lehrerkollegien. Dabei gibt es ausgesprochene und offen kommunizierte Regeln, und es gibt unausgesprochene und inoffizielle aber gleichwohl sehr wirksame Regeln. Dazu ein Beispiel: Ich komme als externer Referent während einer Pause in ein Lehrerzimmer. Ich frage einen anwesenden Kollegen, ob es hier feste Plätze gibt. Er antwortet: „Nein, wir haben keine festen Plätze, aber das hier ist mein Platz!" Hier wird die Koexistenz offizieller und inoffizieller Regeln sehr gut deutlich. Letztlich gelten wird wahrscheinlich die inoffizielle Version. Sie soll vermutlich den Wert einer minimalen Privatheit in einem System schützen, in dem es in der Regel keine eigenen Büros oder reservierten Arbeitsplätze für Lehrpersonen – es sei denn, sie sind Funktionsträger – gibt. Menschliches Verhalten, das in einer Gruppe / einem Team Bestand hat, wird in der Regel durch geltende Normen und Regeln gestützt. Dies gilt auch für das Konfliktverhalten. Wird ein solches Verhalten – und sei es noch so verrückt – nicht entsprechend gestützt, dann wird es sehr bald verschwinden. Beim Nachdenken darüber, wie es möglich sein kann, problematischem Konfliktverhalten die Grundlage zu entziehen, lohnt es sich, die in einer Gruppe existierenden problematischen meist unausgesprochenen Normen und Regeln in den Blick zu nehmen.

Was sind nun solche inoffiziellen Regeln? Viele Lehrpersonen haben sich in Konflikten mit Kollegen oder Eltern unbewusst eine „Beißhemmung" auferlegt, d.h. sie gehen Konflikten möglichst aus dem Weg oder sagen nicht das, was sie denken. P. Watzlawick hat einmal gesagt: „Die Vermeidung des Problems sichert den Bestand des Problems!" Auch wenn ich ihn vermeide, verschwindet ein Konflikt nicht einfach, meistens bricht er dann später umso heftiger hervor.

| Menschliches Verhalten, das in einer Gruppe / einem Team Bestand hat, wird in der Regel durch geltende Normen und Regeln gestützt. Dies gilt auch für das Konfliktverhalten. |
|---|

Vor einigen Jahren wurde in Lehrerkollegien über den Aufbau einer „Feedbackkultur" diskutiert. Damit sollte langfristig das Qualitätsniveau einer Schule verbessert werden. Lehrpersonen sollten durch das Einholen von Feedback (z.B. von Schülern, Eltern, Kollegen) ihre professionellen Kompetenzen verbessern und erweitern. In diesen Diskussionen habe ich nicht selten, oft auch hinter vorgehaltener Hand, den Satz gehört: „Ich lasse mich doch nicht von Schülern bewerten und ggf. vorführen. Das habe ich nicht nötig!" Das Anliegen, das hinter dieser Meinung steht, ist vermutlich der berechtigte Wunsch, sich vor Kränkungen zu schützen, gleichwohl wird mit dieser Ablehnung u.U. genau das Gegenteil erzeugt. Während meiner langjährigen Tätigkeit in der Supervision von Lehrpersonen habe ich jährlich zu der Zeit, in der in den Gymnasien die Abi - Zeitungen veröffentlicht wurden, eine Vielzahl von Sitzungen erlebt, in denen zutiefst gekränkte und verletzte Lehrer davon berichtet haben, dass sie in diesen Zeitungen ein Feedback der übelsten Sorte über sich ergehen lassen mussten. Nachdem für die Schüler - Autoren dieser Beiträge, die Schule mehr oder weniger „gelaufen" ist, folgt ihre Abrechnung. Die informelle Regel: An unserer Schule gibt es keine Schülerfeedback, bewirkt so, dass Kollegen nicht vor Verletzungen und Kränkungen geschützt, sondern ihnen geradezu ausgesetzt werden. Dass die Non-Feedback-Regel nicht nur gegenüber Schülern gilt, sondern auch innerhalb von Kollegien eine fragwürdige Wirkung entfalten kann, zeigt das folgende Beispiel: Am Ende eines längeren erfolgreichen Schulentwicklungsprozesses in einem sehr engagierten Kollegium, zu dem ca. 20 Lehrpersonen gehören, dachte ich den Kollegen etwas Gutes zu tun. Ich bat jedes Kollegiumsmitglied darum, für jedes andere eine eindeutig positive Eigenschaft, die zu ihm passt, auf eine Moderationskarte zu schreiben und diese ohne Nennung des Absenders auf dessen Platz zu legen. Etwa ein Drittel des Kollegiums schaute sich direkt nach Beendigung der Übung etwas verschämt die gesammelten Karten an und war offensichtlich darüber erfreut. Ein weiteres Drittel schaute kurz auf die Karten und begann dann eine heftige Diskussion mit mir darüber, ob eine solche Übung Sinn machen würde. Ein letztes Drittel packte die Karten, ohne sie anzusehen, in ihre Schultasche. Auf meine Frage, was sie damit vorhätten, antwortete ein Kollege: „Ich zeige die erstmal meiner Frau!" Hier galt nicht nur die Regel, dass man sich keine kritischen Rückmeldungen gab, man sagte sich auch nichts Positives. Eine weitere verdeckte, gleichwohl wirksame aber auch dysfunktionale Regel verhindert in manchen Kollegien schulische Veränderungsprozesse. Karl Valentin formulierte sie folgendermaßen: „Es muss was geschehen, aber passieren darf nix!" Viele Lehrpersonen sind durch den schulischen Alltag und die vielfältigen Probleme und Konflikte mit Schülern und Eltern sehr belastet. Vermutlich soll diese „Verhinderungsregel" den Wert der Gesundheit jedes betroffenen Kollegen schützen. Allerdings verhindert sie auch, dass die Entwicklungschancen, die in nahezu jedem Konflikt liegen, genutzt werden können.

| „Es muss was geschehen, aber passieren darf nix!" |
|---|

Systeminterne Normen und Regeln können demnach (oft unbewusst) Konflikte und das Verhalten einzelner Personen stützen. Die Selbstverständlichkeit und Verbindlichkeit, mit der diese „To Do´s" und „Not To Do`s" gelten, lässt sich nur verstehen, wenn man in Rechnung stellt, dass es um systeminterne Werte geht.

Ein weiterer Gesichtspunkt auf der Systemebene ist die Existenz widersprüchlicher Rollenerwartungen. So wird von Lehrpersonen erwartet, dass sie zum einen Schüler fördern und beraten, zum anderen aber auch Bewertungen vornehmen, die mitunter starken Einfluss auf die Lebenschancen der Betroffenen haben. Es wird von Lehrpersonen erwartet, dass sie Kontakt und Nähe herstellen und gleichzeitig aus angemessener professioneller Distanz urteilen. Diese Antinomien auszubalancieren, stellt hohe Anforderungen an die Pädagogen. Entscheiden sie sich nur für eine Seite, zieht dies in der Regel Konflikte nach sich. Im System handlungsfähig zu bleiben, bedeutet mit Ambivalenzen zu leben und zu arbeiten. Der Systemiker Fritz Simon berichtete davon, dass er als Psychiater gefragt worden sei, ob Menschen, die sich nicht eindeutig für eine Seite entscheiden könnten, nicht ein Fall für den Psychiater seien. Er sei allerdings der Meinung, dass die Ambivalenz der Normalzustand sei. Es sollten eher die Menschen zum Psychiater gehen, die immer schon wüssten, was genau richtig und was falsch sei. Vielleicht ist ein Teil des Lehrergehalts Schmerzensgeld dafür, die Ambivalenzen auszuhalten.

## B: In Konflikten anders handeln

### 1.Gesprächsführung:Die drei K`s

Nachdem im Teil A verschiedene Perspektiven auf Konfliktsituationen in der Schule angeboten wurden, soll es im Folgenden darum gehen, am Beispiel von drei typischen Gesprächssituationen Handlungsmöglichkeiten für Konfliktgespräche und Klärungsgespräche im schulischen Alltag aufzuzeigen.

Zunächst sollen allerdings hier Grundzüge eines Konzeptes für Gesprächsführung in der Schule vorgestellt werden.

Der Alltag einer Lehrperson besteht im Wesentlichen darin, Gespräche unterschiedlichster Art zu führen. Dabei macht es für den, der ein erfolgreiches Gespräch führen will, sehr viel Sinn, sich bewusst zu sein, in welcher Gesprächssituation er sich gerade befindet.

**Orientierung/Instruktion**

Kritik/Konfliktgespräch

Beurteilungsgespräch

Pädagogisches Gespräch

Klärungsgespräch

Beratungsgespräch

**Unterstützung/ Reflektion**

In dem Schaubild werden auf einem Gesprächskontinuum zwischen den Polen Orientierung/Instruktion und Unterstützung/Reflektion verschiedene Gesprächstypen aufgeführt. Je mehr ein Gespräch sich Richtung Orientierung/Instruktion bewegt, je präziser sind meine Ziele als Gesprächsführer. So habe ich in einem Kritikgespräch oder in einem Beurteilungsgespräch in der Regel eine klare Vorstellung davon, was ich erreichen möchte. In ein Beratungsgespräch werde ich in der Regel ergebnisoffener gehen. Für jemanden, wie mich, der sich dem Thema Beratung beruflich von der psychosozialen / therapeutischen Seite genähert hat, war der Gebrauch des Begriffes Beratung im schulischen Kontext sehr gewöhnungsbedürftig. Für professionelle psychosoziale Beratung gelten vier Grundbedingungen:

- Freiwilligkeit der Teilnahme
- Offenheit für mögliche Lösungen
- Unabhängigkeit zwischen Berater und Ratsuchendem
- Vertraulichkeit

Je mehr diese Bedingungen eingeschränkt sind, umso mehr bewegt sich ein Gespräch in Richtung Instruktion und umso mehr braucht es eine eindeutige Kontraktierung. (Selbst in therapeutischen Gesprächen ist die Freiwilligkeit oft nur begrenzt gegeben Nicht selten üben Partner oder Angehörige erheblichen Druck auf die Ratsuchenden aus.) Im schulischen Kontext sprechen Lehrpersonen von Beratung, wenn sie z.B. ein Gespräch mit einem Elternteil führen wollen, bei dem es darum geht, dass ein Schüler konsequent seine Schulsachen im Unterricht nicht dabei hat. Sie sind davon überzeugt, ein Beratungsgespräch zu führen, für die Eltern ist es ein Beurteilungsgespräch und heraus kommt ein Konfliktgespräch. Fachleiter sprechen von Beratung, wenn sie mit Referendaren Beurteilungsgespräche führen oder Klassenlehrer drohen auffälligen Schülern mit einem Beratungsgespräch beim Beratungslehrer. Es ist nicht gleichgültig, mit welchem Begriff ein zu führendes Gespräch bezeichnet wird. Im Alltagsdenken verbinden die meisten Menschen mit dem Begriff Beratung eine gewisse Form von Freiwilligkeit. (Auch der Mitarbeiter einer Versicherung, der mir ein „Beratungsgespräch" (= Verkaufsgespräch) anbietet, lässt mir in der Regel die Freiheit einen Vertrag abzuschließen oder auch nicht.) So ist es nur konsequent, dass manche Fachleiter nach einem Unterrichtsbesuch, bei dem sie besprechungswürdige Themen erkannt haben, diese Themen nicht direkt ansprechen (weil sie ja Berater sind), sondern das Gespräch mit dem betroffenen Referendar so zu führen versuchen, dass dieser alleine auf die Themen kommt, über die auch der Fachleiter gerne sprechen möchte. Kein Wunder, dass solche Gespräche für alle Beteiligten sehr unerfreulich sind.

| Lehrer sind davon überzeugt, ein Beratungsgespräch zu führen, für die Eltern ist es ein Beurteilungsgespräch und heraus kommt ein Konfliktgespräch. |
|---|

Es scheint so zu sein, als sei mit dem Angebot von Beratung ein besonderes Qualitätsmerkmal verbunden. Beurteilungs- oder Konfliktgespräche erfordern jedoch mindestens genauso viel Expertise wie Beratungsgespräche. Entscheidend ist, dass derjenige, der die Gespräche führt, weiß, was er will und tut. Dazu mehr in dem Kapitel zum Thema: Kontrakt. Das Gesprächskonzept, das hier vorgestellt wird, lässt sich mit den drei K s zusammenfassen: Kontakt - Kontrakt - Kontext

## 1.1 Kontakt

Soll das Ziel meines Gespräches die Verständigung mit meinem Gesprächspartner sein, dann ist ein tragfähiger Kontakt unabdingbar. Selbstverständlich gibt es Gespräche, die Lehrpersonen mit Schülern, Eltern oder Kollegen führen müssen - auch dann, wenn keine Verständigung möglich ist. Beispielsweise, wenn sie Schüler auf deren Fehlverhalten ansprechen oder Eltern über die drohende Nichtversetzung ihres Kindes informieren müssen oder Kollegen auf deren Versäumnisse und die negativen Auswirkungen auf die eigene Tätigkeit hinweisen müssen. In solchen Gesprächen wäre es schön, gäbe es eine Verständigung, sie müssen aber auch geführt werden, wenn dies trotz aller Bemühungen nicht möglich ist.

Lehrpersonen führen in der Regel ihre Gespräche zielorientiert, so wie sie auch ihren Unterricht führen. Dabei geht es ihnen um ein Thema, eine Sache, die Lösung eines Problems. Sie gehen in der Regel davon aus, dass ihre guten Absichten von ihren Gesprächspartnern geteilt werden. Sie gehen ebenso davon aus, dass, ihre Offenheit, ihre konstruktiven Absichten und ihr Wohlwollen, mit dem sie in ein Gespräch gehen, von ihrem Gegenüber auch genauso wahrgenommen und beantwortet werden. Die Erfahrung zeigt, dass dies nicht selbstverständlich ist. Vielmehr gilt es zunächst in einen guten Kontakt mit dem Gesprächspartner zu investieren. Kontakt meint die vertrauensvolle, sachbezogene und konstruktive Atmosphäre zwischen den Gesprächspartnern. Solange mein Gegenüber mir misstraut oder vermutet, ich wolle ihm etwas, solange haben wir keinen Kontakt und solange werden wir auch zu keiner Verständigung kommen. Nun ist Kontakt nicht etwas, was man hat oder nicht hat. Will ich meinen Gesprächspartner von einer Sache überzeugen, dann werde ich argumentieren, will ich Kontakt aufbauen, braucht es gleichfalls professionelle verbale und nonverbale Strategien, die über einen gelungenen Smalltalk hinausgehen. Dimensionen des Aufbaus von Kontakt und Kooperation:

- Haltung gegenüber dem Gesprächspartner
- Gesprächstechniken
- Räumlich-körperliche Dimension

Zum Aufbau von Kontakt ist es hilfreich mit der Haltung von Interesse und Neugier in ein Gespräch zu gehen. Das bedeutet, die Sichtweise des Ratsuchenden zunächst einmal zu akzeptieren, auch wenn sie mir unlogisch oder unrealistisch vorkommt. Kontakt wird gefördert, wenn ich den Gesprächspartner als Experten in eigenen Angelegenheiten wertschätze, ihm nicht erkläre, worin „das Problem" besteht und wenn ich Debatten oder Auseinandersetzungen um die „richtige" Problemsicht möglichst vermeide. Kontakt wird gefördert, wenn ich nicht zu schnell „verstehe", sondern sicherheitshalber noch einmal nachfrage. Folgende Gesprächstechniken können hilfreich sein:

- Paraphrasieren = Ich wiederhole mit meinen Worten, was ich verstanden habe. Dabei verzichte ich auf meine Wertung.
- Ggf. Verbalisieren emotionaler Erlebnisinhalte = Ich spreche vorsichtig Gefühle an, die ich meine, beim Gegenüber wahrgenommen zu haben. Bsp.: „Wenn ich mir vorstelle, ich wäre in ihrer Situation, dann wäre ich ziemlich ärgerlich!"
- Beschreibungen des Gesprächspartners nutzen. Hier geht es zum Beispiel darum verwandte Metaphern aufzugreifen.
- „Schlüsselbegriffe" des Gesprächspartners übernehmen.

| Kontakt meint die vertrauensvolle, sachbezogene und konstruktive Atmosphäre zwischen den Gesprächspartnern. |
|---|

Neben diesen verbalen Gesprächstechniken gilt es auch, die nonverbale räumlich-körperliche und zeitliche Dimension zu beachten:

- Blickkontakt. Kein Kontakt ohne Blickkontakt

- Distanzmaße beachten. In unserem Kulturkreis betragen diese etwa eine gute Armlänge. Nichtbeachtung führt beim Gegenüber mitunter zu Fluchttendenzen oder Kampfbereitschaft.

- Gleiche Augenhöhe beachten. Ausnahme: Ich möchte mein gesprochenes Wort durch eine Dominanzgeste unterstützen. Beispiel: Lehrperson weist Schüler zurecht, indem sie steht und der Schüler sitzt.

- Störungsfreier Raum für Vier-Augen-Gespräch.

- Ausreichende Zeitressource. In der Regel ist der Schulalltag dadurch bestimmt, dass eher Zeitdruck herrscht. Unter diesem Druck (z.B. in fünf Minuten vor einer Klasse in einem anderen Gebäudeteil stehen zu müssen,) lässt sich in einem Gespräch, zu dem ein Elternteil unangemeldet in einer Pause erscheint, keine vertrauensvolle Beziehung im Sinne eines Kontaktes aufbauen. Viele Anliegen lassen sich sogar in wenigen Minuten bearbeiten, wenn sich aber abzeichnet, dass es um komplexere Fragestellungen (z.B. Kritik an Lehrpersonen oder am Unterricht, mangelnde Motivation von Schülern, Gruppendynamik in Klassen o.ä.) geht, für deren Besprechung Kontakt unabdingbar ist, braucht es ausreichend Zeit dafür. Versuche, eine Klärung trotzdem in drei Minuten hinzubekommen, führen in der Regel zu einer „Verschlimmbesserung“. Der Respekt vor den Anliegen und den Personen der Eltern und der beteiligten Lehrperson gebietet es, auch wenn höchste Eilbedürftigkeit signalisiert wird, dass ein begonnenes Gespräch zu einem späteren Zeitpunkt mit Ruhe fortgeführt wird. Kein Rechtsanwalt, kein Arzt oder Psychotherapeut ließe sich so unter Druck setzen, wie es manche Lehrpersonen - aus besten Absichten - mit sich machen lassen.

## 1.2 Kontrakt

Jedem Gespräch liegt einer oder mehrere Kontrakte zugrunde. Es gibt in Gesprächen keine kontraktlosen Zustände, sondern immer mindestens implizite, ungeprüfte und ungeklärte Annahmen von beiden Seiten. Werden diese Erwartungen und Annahmen nicht explizit gemacht und eindeutig geklärt und abgesprochen, beeinflussen sie den gesamten Gesprächsprozess.

In der Regel verfolge ich eine bestimmte Absicht und damit verbunden, habe ich, bewusst oder unbewusst, eine Vorstellung davon, wer sich wie in einem Gespräch verhält. All dies sind Elemente eines Kontraktes. Ein Kontrakt ist ein Rahmen, in dem ich mich bewege und in der Regel erwarte ich von meinem Gesprächspartner, dass er sich im selben Rahmen bewegt. Ist dies nicht der Fall, entstehen Missverständnisse, Irritationen oder Konflikte. Bsp.: Als Lehrperson geht man im Rahmen eines Elternsprechtages mit der Vorstellung in ein Gespräch, dass es zu einem Austausch mit den Eltern eines Schülers über dessen Leistungen und Verhalten kommt. Dieses unausgesprochene Kontrakangebot wird allerdings dann konterkariert, wenn ein Elternteil mit der Absicht (= Kontraktangebot) in ein Gespräch geht, der Lehrperson mitzuteilen, dass sie unfähig ist. Ohne einen gemeinsam akzeptierten Kontrakt reden die Beteiligten aneinander vorbei. Kommt es zu solchen Irritationen in einem Gespräch, lohnt es sich, den Kontrakt, der dem Gespräch zugrunde liegt zu überprüfen.

Dies gilt für jedes der in dem beschriebenen Gesprächskontinuum genannten Gespräche. Ratsuchende Eltern kommen mitunter zu Lehrpersonen mit dem unausgesprochenen Kontraktangebot: Wir haben ein Problem und sie haben doch die Lösung oder...? Lasse ich mich als Lehrperson auf ein solches Angebot ein, dann steige ich möglicherweise in ein Rettungsspiel ein. Gleichwohl will ich als Lehrperson aber auch hilfreich sein. Die Rückmeldung auf das Kontraktangebot der Eltern würde mit dem Satz: "Ich habe nicht die Lösung ihres Problems!" vermutlich zu einer vorzeitigen Beendigung des Gespräches führen, obwohl er wahrscheinlich der Wahrheit entspricht. Es kommt in einer anstehenden Kontraktklärung mit den Eltern darauf an, wie Maria Bosch es einmal formuliert hat, keinen „Erfolgskontrakt", sondern einen „Entdeckerkontrakt" zu vereinbaren. D.h. ich biete als Lehrperson meine Hilfe und Unterstützung dabei an, anders auf das Problem zu schauen und ungenutzte Ressourcen in den Blick zu nehmen.

Ein Kontrakt ist ein Rahmen, in dem ich mich bewege und in der Regel erwarte ich von meinem Gesprächspartner, dass er sich im selben Rahmen bewegt. Ist dies nicht der Fall, entstehen Missverständnisse, Irritationen oder Konflikte.

Zwei Beispiele mögen die vorgeschlagene Herangehensweise verdeutlichen:

Beispiel 1: Die Mutter des 13jährigen Max kommt zur Klassenlehrerin ihres Sohnes mit folgendem Anliegen: „Ich weiß nicht mehr, was ich noch machen soll, aber Max macht einfach keine Hausaufgaben. Ich habe schon alles versucht. Er macht es einfach nicht. Sie haben doch Pädagogik studiert, können sie mir nicht sagen, wie ich Max dazu bringe, seine Aufgaben zu machen!" Die Klassenlehrerin: „Mir liegt es genauso wie ihnen sehr am Herzen, dass Max hier in der Schule klarkommt. Deshalb will ich sie gerne in ihren Bemühungen unterstützen. Gerade weil ich Pädagogik studiert habe, weiß ich auch, dass es das Patentrezept nicht gibt, mit dem man einen 13jährigen dazu bringt, etwas zu tun, was er nicht will. Sie kennen ihren Sohn so gut, wie sonst niemand und wenn sie schon nicht erfolgreich sind, dann wäre es doch vermessen von mir zu behaupten, ich hätte die Lösung. Ich gehe davon aus, dass Max Weigerung, Hausaufgaben zu machen, kein Ausdruck von Dummheit, Faulheit oder Bösartigkeit ist. Für ihn muss es etwas geben, das für ihn so wertvoll ist, dass er dafür all die negativen Sanktionen, die seine Weigerung für ihn hat, „locker" in Kauf nimmt. Ich möchte ihnen anbieten, dass wir gemeinsam darüber nachdenken, was Max antreibt. Ein weiterer Ansatzpunkt könnte sein, unsere Wahrnehmung in Bezug auf Max Verhalten zu erweitern: Existiert das Problem in jedem Fach und an jedem Tag der Woche? Gibt es Unterschiede und wenn, wie lassen sie sich erklären? Kann ich als Lehrerin dabei mit ihrer Unterstützung als Mutter rechnen?" Es ist zu hoffen, dass der angebotene „Entdeckerkontrakt" zu neuen Sichtweisen auf Max Verhalten und zu neuen Lösungswegen führt.

Beispiel 2: Am Beginn einer eintägigen schulexternen Lehrerfortbildung für Hauptschullehrer zum Thema: Stress und Burnout in der Schule beginnt ein Teilnehmer die Vorstellungsrunde mit folgendem Statement: „Ich habe in den vergangenen Jahren an verschiedenen Stressfortbildungen teilgenommen. Jedes Mal haben die Referenten darauf hingewiesen, dass es keine Rezepte gibt, wie man vermeiden kann, in Stress zu geraten. Das bin ich jetzt leid, ich will hier und heute ein brauchbares Rezept mitnehmen!" Nach diesem Einstieg schlossen sich fast alle anderen Teilnehmer diesem Wunsch an. Alle wollten demnach mit mir einen „Erfolgskontrakt" machen. Ehrlicherweise hätte ich sagen müssen, dass ich mir vor Beginn der Runde schon eine Vorrede überlegt hatte, die in die Richtung: Es gibt keine Rezepte, gehen sollte. Nach diesen Statements der Teilnehmer hätte ich mit dieser geplanten Vorrede die Veranstaltung auch gleich wieder beenden können. Glücklicherweise fiel mir ein Gedanke von Paul Watzlawick ein: „Wenn du etwas in deinem Leben ändern möchtest, dann frage dich zuerst, was du tun könntest, damit es noch schlimmer wird!" Ich habe diesen Gedanken aufgegriffen und den Teilnehmer, der sich als erster gemeldet hatte, angesprochen: „Zu ihrem geäußerten Wunsch nach einem Rezept möchte ich ihnen gerne eine Geschichte erzählen: „Ein Gruppe von Wanderern verirrte sich in einem großen Wald. Da trafen sie einen älteren Mann und fragten ihn nach dem Weg aus dem Wald. Der Mann antwortete: "Ich bin zwar schon etwas länger in diesem Wald, aber wie sie hier rauskommen, das weiß ich nicht. Was ich allerdings weiß und ihnen auch sagen kann, ist, wie sie noch tiefer reinkommen!" Glücklicherweise hatte der angesprochene Kollege Humor und musste schmunzeln. In der Regel wissen Betroffene sehr genau, was sie tun müssen, um ihre Situation zu verschlimmern. Demgegenüber ist es sehr viel schwerer neue Wege aus der Problemsituation heraus zu gehen. Wenn ich schon einmal weiß, was ich nicht machen sollte, habe ich auch eine erste Idee, was ich machen könnte.

## 1.3 Kontext

W. Palmowski postuliert: Nichts ist ohne Kontext. Gemeint ist damit zunächst einmal ein bestimmter räumlicher, zeitlicher Kontext. Gemeint ist auch der institutionelle Kontext und nicht zuletzt der Rollenkontext. Das, was ich sage, erfährt durch den Kontext, in dem ich es sage, erst seine Bedeutung. Führe ich als Lehrperson ein Elterngespräch, dann bin ich bei besten Absichten, wenn es gut läuft, für die Eltern ein interessierter Lehrer, gleichwohl bin ich für sie immer auch der Beurteiler ihres Kindes. Dieser Rollenkontext bestimmt unser Gespräch und es ist gut, wenn ich als Lehrperson dies nicht vergesse. Es kommt ebenso vor, dass Eltern den Kontext eines Lehrergesprächs verwechseln. Dies ist etwa dann der Fall, wenn sie anfangen, ihre Eheprobleme zu thematisieren. Ich kann nicht davon ausgehen, dass immer alle Gesprächspartner „im selben Film" (= Kontext) sind. Immer dann, wenn ich den Eindruck habe, dass dies nicht so ist, ist eine Verständigung über den Kontext notwendig. Diese Verständigung führt schließlich zu einem Kontrakt.

| Das, was ich sage, erfährt durch den Kontext, in dem ich es sage, erst seine Bedeutung. |
|---|

Schulen sind vor allem Orte des Lernens und Lehrpersonen sind zunächst einmal Fachleute für die Organisation von Lernprozessen. Gelegentlich kommt es dazu, dass dies von Schülern, Eltern, Lehrpersonen oder auch von der Institution Schule vergessen wird. Dazu vier Beispiele:

1.Beispiel: Schüler

Frau I., eine engagierte Beratungslehrerin, berichtet in einer Supervisionsgruppe von Marvin, einem 14jährigen Schüler aus sehr belasteten Familienverhältnissen: Vater seit mehr als zehn Jahren in der Familie nicht mehr präsent, Mutter, alleinerziehend, seit drei Jahren alkohol- und medikamentenabhängig, Hartz 4 Empfängerin, 20jähriger Bruder seit zwei Jahren in der Familie nicht mehr präsent. Der Junge kommt nur unregelmäßig zur Schule, erledigt nur selten seine Hausaufgaben, ist verhaltensauffällig und hat in zwei Hauptfächern mangelhafte Leistungen. Nach Einschätzung der Beratungslehrerin ist er aber überdurchschnittlich intelligent und könnte mühelos die geforderten Leistungen erbringen. Frau I. führt zunächst jede Woche ein 45minütiges Gespräch mit Marvin, der jetzt etwas regelmäßiger zur Schule kommt. Marvin berichtet ausführlich von seiner Familie und auch davon, dass er seit einiger Zeit Marihuana konsumiert. Immer häufiger bittet er Frau I. um Gesprächstermine auch außerhalb der Schulzeit und der Schule. Er ruft sie privat an und erzählt von seinen Nöten. Er beansprucht Frau I. immer stärker - und sie lässt sich beanspruchen - es geht soweit, dass sie mehrfach nachts von der Polizei mit der Bitte angerufen wird, Marvin von der Wache abzuholen, weil er in volltrunkenem Zustand aufgegriffen wurde. Marvins Mutter war für die Polizei nicht erreichbar und daraufhin hatte Marvin den Beamten Frau I.s Telefonnummer gegeben. Offensichtlich hat Marvin peu a peu Frau I. als Mutter adoptiert. Schule wurde so für ihn zum Familienersatz. Natürlich war dies nur möglich, weil sich Frau I. adoptieren ließ und in das „Rettungsspiel" eingestiegen ist. Erst als ihre eigene Familie sich über die Anforderungen des neuen „Familienmitglieds" beschwerte, wurde ihr bewusst, dass irgendetwas falsch war.

2.Beispiel: Eltern

Die Schulleiterin eines Gymnasium in einer wohlhabenden Wohngegend, in der Rechtanwälte, Ärzte, Steuerberater und andere akademische Berufe überdurchschnittlich oft vertreten sind, berichtet davon, dass ihr Alltag zunehmend davon bestimmt wird, sich mit den Schreiben von Rechtsanwälten beschäftigen zu müssen, die erreichen möchten, dass Noten einzelner Leistungen und in Zeugnissen zugunsten von Schülern geändert werden sollen. Darüber hinaus muss sie sich mit von Eltern angestrengten Disziplinarverfahren gegen Kollegen beschäftigen. Sie berichtet, dass manche Eltern sich noch nicht einmal die Mühe machen mit den Lehrern ihrer Kinder zu sprechen, sondern direkt einen Rechtsanwalt einschalten, um zu erreichen, dass aus einer befriedigenden eine gute Zensur wird. Offensichtlich sehen diese Eltern in Schulen Dienstleistungsunternehmen, in denen sie Ihre Kinder „abgeben" und nach dem erfolgreichen Abitur am besten mit einem sehr guten Notendurchschnitt wieder abholen. Funktioniert diese erwartete Dienstleistung nicht, dann versucht man das auf juristischem Weg zu erzwingen. Alle Gesprächsangebote der Schule, die Eltern als pädagogische Partner ins Boot zu holen, werden mit Briefen von Rechtsanwälten beantwortet. Verständigung über den gemeinsamen Kontext von Elternhaus und Schule zum Wohle der Kinder kann nur gelingen, wenn es auf beiden Seiten die Bereitschaft gibt, die Kompetenz und Autorität der jeweils anderen Seite anzuerkennen. Weder vom staatlichen Auftrag her und auch nicht aus pädagogischen Gründen sind Schulen Dienstleistungsunternehmen. Schließlich geht es hier um die Erziehung und Bildung junger Menschen und deren optimale Förderung.

3. Beispiel: Lehrpersonen

Kollegiumstagung zum Thema „Umgang mit Belastungen" an einer Hauptschule im Ruhrgebiet: Einer der anwesenden Kollegen beschrieb die Situation der Schule mit dem Satz: „Da, wo wir sind, ist die Front!" Er berichtet von einer Lerngruppe, in der er und zwei Schüler Deutsch als Muttersprache benutzten. 18 andere Schüler kamen aus der Türkei, aus Rumänien, dem arabischen Raum, Afghanistan usw.. Sie unterhielten sich in ihren jeweiligen Sprachen, so dass er sich als Lehrperson wie ein Ausländer vorkam. Während des Austausches über diese und ähnliche Erfahrungen echauffierte sich der Schulleiter, ein Mann kurz vor der Pensionsgrenze, dermaßen über die Schulpolitik der Landesregierung, dass er einen knallroten Kopf bekam. Neben ihm saß eine etwas jüngere Kollegin, legte ihre Hand auf seinen Arm und sagte: „Willi, du sollst dich doch nicht so aufregen!" Was sie auch noch hätte sagen können, wäre der Satz gewesen: „Und jetzt nimmst du erst einmal die Herztabletten!" Diese kleine Episode erinnerte mich an eine Frage, die mich häufiger beschäftigte, wenn ich in Schulen an Lehrerkonferenzen oder Kollegiumstagungen teilnahm, die Frage nämlich, ob es sich hier um eine Familie oder einen „Betrieb" handelte. Natürlich sind Schulen keine Betriebe im wirtschaftlichen Sinne, aber sie sind theoretisch so strukturiert, dass sie einen Prozess umfassen, der „einen Input (Sach- und Dienstleistungen, Information) transformiert zu einem Output (Sach- und Dienstleistungen, Information)". Schulen sind staatliche Einrichtungen, die früher noch mehr nach bürokratischen Prinzipien und heute auch nach betrieblichen Gesichtspunkten organisiert sind. Viele Begriffe aus dem Personal- oder Qualitätsmanagement, die heute in der Schulentwicklung benutzt werden, stammen aus betriebswirtschaftlichen

Konzepten. In Familien kommt es maßgeblich darauf an, dass der Zusammenhalt gesichert wird, dass man füreinander da ist und dass man sich aufeinander verlassen kann. In Betrieben ist dies nur so lange von Bedeutung, so lange „hinten etwas rauskommt!" (H. Kohl). Wenn Schulen familial gelebt werden:

- Dann werden Lehrpersonen zu „besseren Eltern" der Ihnen anvertrauten Schüler und deren Eltern zu erziehenden Kindern.
- Dann bildet sich die Balance von „Geben und Nehmen" nach anderen Gesichtspunkten als im betrieblichen Kontext. In Familien schaut man bei Erledigung wichtiger Aufgaben nicht auf die Uhr. Man engagiert sich bis die Probleme gelöst sind. Dafür erwartet man aber auch, dass man quasi als Ausgleich von der Familie besonders entgegenkommend behandelt wird. Erwartet man auch in der Schule, dass besonderes Engagement, etwa bei der Genehmigung einer Fortbildung, die nicht direkt mit dem schulinternen Fortbildungskonzept übereinstimmt, positiv berücksichtigt wird, dann kann es passieren, dass der entsprechende Antrag von der Schulaufsicht mit dem Hinweis: Aus dienstlichen Gründen abgelehnt! zurückgeschickt wird. Hier besteht eine besondere „Verletzungsgefahr"!
- Dann werden Strukturen und formale Kommunikationsabläufe (Konferenzen) zu „Familientreffen", bei denen u.a. Neid, Tratsch, Autoritätsprobleme, persönliche Empfindlichkeiten und Vorlieben das Betriebsziel in den Hintergrund treten lassen. Der Schulleiter einer kleinen einzügigen Grundschule erzählt mir beiläufig: „Wissen sie, wir machen jetzt gar keine Konferenzen mehr. Wir sehen uns eh jeden Tag bei den Pausen im Lehrerzimmer!"
- Dann interessiert das die Schulaufsicht im Konfliktfall überhaupt nicht. Dafür gelten disziplinarische Betriebsregeln und Vorschriften.
- Dann interessiert das die Schulaufsicht/ die Schulpolitiker nur, wenn dadurch Kosten eingespart werden. Wenn es mehr kosten soll, gelten ausschließlich betriebswirtschaftliche Gesichtspunkte.

- Dann findet Teambildung nicht primär nach betrieblichen Kriterien (welche Kompetenzen braucht man, um bestimmte Aufgaben zu erledigen), sondern primär nach familienbezogenen Kriterien (wen mag ich am meisten, bei wem fühle ich mich sicher) statt.
- Dann werden Schulleitungen zu Vätern und Müttern ggf. Stiefeltern, Kollegien (nach einem Leitungswechsel) zu verwaisten Geschwistern, Kollegen zu Geschwistern, manche Geschwister zu verhaltensauffäligen oder gar verwahrlosten Kindern. In Familien wird man versuchen, deren Fehlverhalten durch eigenes Engagement zu kompensieren, möglichst so, dass die Eltern nichts mitbekommen. In Familien hält man an dieser Kompensationsleistung fest, auch wenn man sich damit selbst überfordert. In einem Betrieb würde man ggf. über eine Versetzung oder Kündigung nachdenken.

4.Beispiel: Schule als staatliche Institution

Herr J., Schulleiter einer Förderschule im Aufbau, berichtete in einem Telefongespräch, dass sein Kollegium, eine Gruppe von zwölf Personen, außerordentlich engagiert sei und sich menschlich sehr gut verstünde. Man verbringe auch gelegentlich die Freizeit zusammen, einige führen zusammen in Urlaub und die ersten hätten auch schon geheiratet. Ihr Problem als Kollegium sei, dass ihre Konferenzen zu lange dauerten. Auf meine Frage, was denn „zu lange" bedeute, antwortete er, dass es ihm schon fast peinlich sei, sagen zu müssen, dass die längste Konferenz bisher bis 23.30 Uhr gedauert habe. (Die Unterrichtszeit endet um 16.00, danach beginnt die Konferenz.) Alle litten unter der hohen zeitlichen Beanspruchung, gleichwohl bräuchten sie aber die Zeit, um die anliegenden Themen zu besprechen. Er bat mich darum, sie darin zu unterstützen, ihre Zeit besser zu nutzen. Bei einem ersten Kontraktgespräch anlässlich einer Lehrerkonferenz im Lehrerzimmer der Schule, einem engen Container, war mein erster Eindruck, dass sich hier eine WG zum Abendessen zusammengefunden hat. Auf dem fast raumfüllenden Tisch lagen neben Akten, Zeitschriften und Kopien Lebensmittel unterschiedlicher Art: Kaffee, Tee, verschiedene Kaltgetränke, Brötchen, Aufschnitt, Pizzen, Süßigkeiten u.a.. Der Schulleiter begann die Konferenz mit dem

Hinweis, dass alle daran denken mögen, dass am nächsten Tag die Schülerbusse fünf Minuten früher abführen. Daraufhin meldete sich eine Kollegin: „Wenn wir gerade schon einmal über die Schülerbusse reden: Ich finde die Busbegleiter völlig inakzeptabel!" Zur Erläuterung berichtet sie von mehreren Vorfällen zwischen Schülern und Busbegleitern. Mehrere Konferenzteilnehmer unterstützen ihre Kritik und berichten auch von Auseinandersetzungen zwischen Lehrpersonen und Busbegleitern. Während dieses Austausches machte sich ein Kollege in der Mikrowelle eine Suppe heiß und verzehrte sie mit dem Hinweis, heute noch nichts gegessen zu haben. Die Kollegin, die sich zuerst gemeldet hatte, schlug vor, eine kleine Arbeitsgruppe zu bilden, die die Kritik sammelt und mit dem Busunternehmer spricht. Spontan melden sich drei Kollegen zur Mitarbeit. Ein weiterer Kollege meldete sich zu Wort: „Ich finde es gut, mit dem Busunternehmer zu sprechen. Perspektivisch sollten wir aber auch darüber nachdenken, die Busfirma zu wechseln!" Dann berichtete er von seiner Freundin, die in einer anderen Schule sehr gute Erfahrungen mit einem anderen Unternehmer gemacht hatte. Einige andere Kollegen unterstützten dieses Anliegen und berichteten über weitere Erfahrungen mit Busunternehmen. Wieder kam der Vorschlag, eine kleine Arbeitsgruppe zu bilden. Wieder meldeten sich spontan drei Kollegen zur Mitarbeit. Das Ganze, ausgelöst durch den schlichten Hinweis des Schulleiters auf die geänderte Abfahrtszeit der Schülerbusse, hat 25 Minuten Zeit in Anspruch genommen. In dieser Zeit wurden zwei neue Arbeitsgruppen gebildet, die in einer der nächsten Lehrerkonferenzen von den Ergebnissen ihrer Arbeit berichten und diese im Plenum diskutieren werden. Nach dieser Episode war mir klar, warum die Konferenzen so lange dauerten.

Nun kann man nicht sagen, dass die Kollegen nicht engagiert waren. Im Gegenteil. Es gab auch keine internen Konflikte, die die Arbeit behinderten. Das Problem war m.E., dass die Kollegen „im falschen Film" waren. Mein erster Eindruck, als ich den Lehrerzimmercontainer betrat, dass es sich hier um eine WG handelt, erwies sich als durchaus zutreffend. Natürlich waren die Kollegen nicht wirklich eine WG, aber ihre Art, wie sie kommunizierten und wie sie ihre Zusammenarbeit organisierten, entsprach der einer WG.

Hier werden Entscheidungen basisdemokratisch getroffen. Jeder kann und ist in gewisser Weise auch „verpflichtet", sich zu jedem relevanten Thema zu äußern. Jedes Thema, das von einem WG-Mitglied angesprochen wird, ist zunächst einmal wichtig. Es gibt keinen Leiter, bestenfalls einen Moderator. All diese Merkmale waren in der von mir beobachteten Lehrerkonferenz zu erkennen. Der Gewinn dieses Arrangements war, dass die Kollegen sich wohl fühlten, dass alle ausnahmslos engagiert waren und dass die Schüler sehr gut gefördert wurden. Der Preis dafür war, dass jede Art von Entscheidungsprozessen sehr, sehr lange dauerten. Dazu kam, dass auch, wenn das Kollegium sich möglicherweise als WG verstand oder als „basisdemokratische Initiativgruppe zur Rettung benachteiligter Kinder und Jugendlicher", dieses Selbstverständnis den zuständigen Schulaufsichtsbeamten nur sehr begrenzt interessierte. Wenn es Probleme oder Konflikte gab, behandelte er das Kollegium und den Schulleiter wie ganz "normale" Lehrpersonen. Im Hinblick auf notwendige Entscheidungen wird er sich auf die vorhandene, wenn auch nicht gelebte, Hierarchie beziehen, er wird die Einhaltung von Dienstvorschriften reklamieren und wird ggf. disziplinarische Maßnahmen ergreifen. Sich daraus ergebende Auseinandersetzungen zwischen Schule und Eltern, Öffentlichkeit und Aufsichtsbehörden nach den bürokratischen Regeln einer staatlichen Behörde führen in aller Regel führt dies bei den betroffenen ( WG -) Kollegen zu heftigen Kränkungen und zu einem massiven Verlust an Engagement. Um sich davor zu schützen, lohnt es sich, sich dessen bewusst zu sein, wo man sich als Lehrperson befindet. Natürlich kann man sich auch an einer Schule als staatlicher Einrichtung engagieren, hier kann man auch sehr menschlich miteinander umgehen und sich wohlfühlen, aber man sollte sich seiner Rolle als Mitarbeiter oder Leiter bewusst sein. Man müsste sich dann auch bei einer Konferenz an die Tagesordnung halten und ggf. Entscheidungen der Leitung akzeptieren, ohne erst darüber ausführlich diskutiert zu haben. In meiner beruflichen Tätigkeit im Schulbereich habe ich mehrere solcher oben beschriebenen Schulen kennengelernt. Keine konnte ihre WG-Existenz lange durchhalten. Entweder erkrankten die besonders engagierten Lehrpersonen an Burnout oder es kam nach einem Leitungswechsel zu heftigen Auseinandersetzungen oder nach dem versetzungs- oder altersbedingten Ausscheiden überzeugter WGler kamen neue junge Kollegen, die nicht in einer WG arbeiten, sondern nach Unterrichtsschluss nach Hause wollten und die beruflich und privat strikt trennten.

Wie an den Beispielen gezeigt werden sollte, führt es zu Konflikten, wenn die Beteiligten sich in unterschiedlichen Kontexten bewegen. In solchen Situationen, Gespräche mit dem Ziel der Verständigung zu führen, wird nur gelingen, wenn es bei den Gesprächspartnern die Bereitschaft gibt, sich um einen gemeinsamen Kontext zu bemühen.

## 2. Drei typische Konfliktgespräche in der Schule

In den folgenden Abschnitten sollen anhand von drei typischen Gesprächssituationen aus dem schulischen Alltag verschiedene in der Praxis erprobte Gesprächsstrategien dargelegt werden. Ziel ist es, dem Leser für diese Situationen so etwas wie einen Gesprächsleitfaden an die Hand zu geben, an dem er sich in den Gesprächen orientieren kann. In den folgenden Beispielen werden Konflikte zwischen Lehrpersonen und ihren Kollegen, Eltern und Schülern vorgestellt.

Ziel ist es, dem Leser für diese Situationen so etwas wie einen Gesprächsleitfaden an die Hand zu geben, an dem er sich in den Gesprächen orientieren kann.

An dieser Stelle sei noch einmal an die Ausführungen in dem Abschnitt „Veränderung von Menschen" erinnert und daran, dass es wenig Sinn macht, Menschen gegen deren Willen verändern zu wollen und daran, dass man sich nur selbst ändern kann.

### 2.1 Jemandem etwas Kritisches mitteilen

„Menschen wehren sich nicht gegen Veränderungen. Sie wehren sich dagegen, verändert zu werden!"

In diesen Gesprächen geht es darum, einem oder mehreren Gesprächspartnern für sie unangenehme Sachverhalte mitzuteilen. Dies können Gespräche sein, in denen Lehrpersonen Schüler darüber informieren müssen, dass ihre Leistungen

mit mangelhaft oder ungenügend bewertet werden oder in denen Schüler für unangemessenes Verhalten kritisiert und sanktioniert werden müssen. Es können Gespräche sein, in denen Lehrpersonen Eltern mitteilen müssen, dass ihr Kind ein Klassenziel nicht erreichen wird oder wegen eines besonderen Förderbedarf die Schule wechseln sollte und es können Gespräche sein, in denen Lehrpersonen Kritik am Verhalten von Kollegen äußern.
Zu der letzten Konstellation das folgende Beispiel: Stellen sie sich bitte folgende Situation vor: Frau K. befindet sich gemeinsam mit ihrem Kollegen Herrn L. und einer Klasse der Jahrgangsstufe 10 auf einer viertägigen Klassenfahrt in Berlin. Es ist der zweite Abend in Berlin, etwa die Hälfte der Klasse hat den Wunsch geäußert, einmal Berlin bei Nacht zu erleben, sie wollen abends zur Gedächtniskirche, Kudamm usw.. Die andere Hälfte der Klasse will im Jugendhotel bleiben und chillen. Herr L. erklärt sich spontan bereit, mit den Schülern in die Stadt zu fahren. Frau K. bleibt bei den Schülern im Jugendhotel. Die beiden Kollegen, die sich zwar von der gemeinsamen Arbeit in der Schule kennen, allerdings noch nie zusammen auf Klassenfahrt waren, vereinbaren, dass Herr L. mit seiner Gruppe spätestens um 23.30 Uhr wieder im Hotel ist. Alle Schüler sind noch nicht volljährig und am nächsten Morgen ist weiteres Programm vorgesehen. Um 23.15 Uhr fordert Frau K. die Schüler, die bei ihr geblieben sind, auf, sich auf ihre Zimmer zurückzuziehen und sich für die Nacht fertig zu machen. Allerdings kommt Herr L. nicht um 23.30 Uhr, er kommt auch nicht um 24.00 Uhr, er kommt um 1.15 Uhr bestens gelaunt mit seinen Schülern im Hotel an. Frau K. hat die ganze Zeit gewartet. Zunächst war sie besorgt und hat versucht, Herrn L. telefonisch zu erreichen, daraufhin hört sie lediglich das Handyklingeln in seinem Zimmer. Offensichtlich hat er sein Mobiltelefon im Hotel vergessen. Sie überlegt kurz, einen Schüler zu bitten, einen anderen Schüler, der in der Stadt ist, anzurufen, um zu erfahren, ob es Probleme (z.B. U-Bahn ausgefallen) gibt oder ob etwas passiert ist (Schüler hat sich verletzt). Sie entscheidet sich dagegen, weil ihr Stolz ihr sagt, dass es schließlich Herr L. ist, der sich nicht an die getroffene Vereinbarung hält und der sich deshalb bei ihr melden müsste. Inzwischen wird Frau K. zunehmend ärgerlich, weil sich etwa alle zehn Minuten einer der Schüler, die eigentlich schon schlafen

sollten, bei ihr beschwert, dass sie schon im Bett liegen müssten und die Mitschüler noch in Berlin unterwegs sein dürften.

Als Herr L. nun um 1.15 Uhr ins Hotel kommt, ist Frau K. genau in der richtigen Stimmung, mit ihm ein Kritikgespräch zu führen. Dieses Gespräch kann nun, je nachdem welche Gesprächstechniken die Beteiligten benutzen, sehr unterschiedlich verlaufen. Sicherlich ist es ganz einfach, wenn Herr L. die Kritik von Frau K. annimmt und sich ernsthaft entschuldigt. Komplizierter wird es schon, wenn er auf eine der vier folgenden Gesprächstechniken zurückgreift. Die Anwendung dieser Gesprächstechniken ist in den folgenden Beispielen in der Regel kein bewusster, zielorientierter Schritt, sondern geschieht eher unbewusst. In jedem Fall sind sie auch der Versuch, den eigenen Selbstwert zu schützen. Oft handelt es sich um erlernte Verhaltensmuster, gleichwohl sind es Techniken und als solche sollte man sie auch erkennen und darauf reagieren.
Problematische Umgangsweisen mit Kritik (in Anlehnung an Virginia Satirs Kommunikationsformen in Stresssituationen):

- **Anklagen:** Bei dieser Gesprächstechnik wird Herr L. die von Frau K. geäußerte Kritik zurückschicken und noch eigene Vorwürfe dazu tun: „Höre ich das richtig, dass du dich aufregst, weil ich zu spät gekommen bin. Wer von uns beiden hat denn gerade zwei Überstunden gemacht und sich mit renitenten Schülern rumgeärgert, und wer hat hier im Hotel in der Zeit gechillt. In Sachen Pünktlichkeit solltest du dir erst einmal an die eigene Nase fassen. Wer war denn gestern bei der Abfahrt unpünktlich. Und überhaupt, alle haben mich vor der Fahrt gewarnt: Fahr nicht mit der Kollegin auf Klassenfahrt. So und jetzt weiß ich warum!“ Bei dieser Gesprächstechnik geht es wie bei dem Beschwichtigen darum, nicht die Verantwortung zu übernehmen. Eigenes Versagen wird auf den Gesprächspartner projiziert und dann wird verbal heftig auf ihn losgeprügelt. Mitunter auch unterhalb der Gürtellinie. Ziel ist es, den Gesprächspartner in die Position zu bringen, sich rechtfertigen zu müssen. Greift dieser selbst an, indem er Vorwürfe macht, dann ist man weit weg vom Anlass des Gespräches und kann sich „mit Recht" über diese Vorwürfe echauffieren.

- **Beschwichtigen:** Sollte Herr L. auf diese Gesprächstechnik zurückgreifen, dann wird er die von Frau K. kritisierte Situation in ihrer Bedeutung herunterspielen: „Ja, es ist etwas später geworden, aber wir hatten einen so netten Abend mit guten Gesprächen und schließlich ist doch nichts passiert. Alle sind gesund zurückgekommen. Mach doch nicht so ein Drama, weil wir nicht ganz pünktlich waren. Wir sind doch nur einmal in Berlin, dann muss man auch mal fünf gerade sein lassen. Vereinbarung hin, Vereinbarung her. Gut, ich habe mein Handy vergessen, aber ist dir das noch nie passiert, dass du etwas vergessen hast!" Eine Variante von Beschwichtigen ist die folgende Argumentation: „Ja, du hast mehr als recht mit deiner Kritik, ich habe um 23.00 Uhr versucht, die Schüler dazu zu bringen aufzubrechen, aber meinst du einer hätte reagiert. Die sind einfach in der Kneipe sitzen geblieben. Ich weiß auch nicht, was ich falsch mache. Wenn du den Schülern Anweisungen erteilst, dann führen sie diese aus, aber bei mir? Vielleicht sollte ich doch eine Kur machen. Vielleicht ist das schon ein Zeichen von Burnout!" In dieser Variante macht Herr L. sich kleiner als er ist. Diese Technik kann sehr erfolgreich sein, weil sie bei dem Kritiker mitunter eine „Beißhemmung" auslöst, denn wer will schon einem so bedauernswerten Kollegen, etwas Kritisches sagen. Beide Varianten vermitteln dem Kritiker den Eindruck gegen eine Gummiwand gerannt zu sein. In jedem Fall nimmt der Kritisierte die berechtigte Kritik nicht wirklich an und schon gar nicht die Verantwortung für sein Verhalten und dessen Auswirkungen für die Schüler und die Kollegin.
- **Rationalisieren:** Diese Gesprächstechnik ist vor allem bei Akademikern sehr „beliebt". Beim Rationalisieren wird das eigene (vom Gesprächspartner kritisierte) Verhalten in einen quasi objektiv richtigen Zusammenhang gestellt. Das, was man getan hat, war aus wissenschaftlicher Sicht, weil berühmte Autori-

täten es gesagt haben, weil es allgemeiner Lebenserfahrung entspricht usw. genau das Richtige. Wenn der kritisierende Gesprächspartner das nicht anerkennt, fällt es auf ihn zurück. Vielleicht kann man ihn ja noch argumentativ in Richtung des eigenen Niveaus anheben. Um das zu verdeutlichen, hält man als Rationalisierer am besten die Nase etwas höher: „Ich nehme deine Kritik natürlich sehr ernst, aber wir beide haben doch Pädagogik studiert und als Pädagogen wissen wir, wie entscheidend es für das Gelingen eines pädagogischen Prozesses ist, dass die Verantwortlichen in ihren pädagogischen Maßnahmen stets flexibel sind. Ich lese dazu übrigens gerade einen hochspannenden Aufsatz in dem „American Educational Research Journal". Ich kann dir gerne eine Kopie zukommen lassen. Der Text ist allerdings in Englisch, aber ich denke, das ist sicher kein Problem für dich. Heute Abend gab es die wirklich einmalige pädagogische Gelegenheit, mit einigen Schülern sehr intensiv ins Gespräch zu kommen und deren biografische Linien nachzuzeichnen. Ich war mir sicher, dass der Kairos dieser pädagogischen Situation auch in deiner Bewertung weit über dem steht, sich an eine relativ beliebige Abmachung halten zu müssen!" Es handelt sich hier um eine sehr subtile Form der Abwertung des Gesprächspartners. Weil man sich als Rationalisierer auf der Seite der objektiven Wahrheit sieht, steht man über der geäußerten Kritik. Wird der Gesprächspartner angesichts der „überlegenen" eigenen Position ärgerlich und teilt dies mit, beglückwünscht man ihn bestenfalls zu seiner Authentizität, aber aus genannten Gründen lohnt es sich nicht noch weiter auf die Kritik einzugehen.

- **Ablenken**: Diese Gesprächstechnik hat der Kabarettist Hanns Dieter Hüsch als gängige Form der Kommunikation am Niederrhein bezeichnet. Sie funktioniert so, dass man ständig das Thema wechselt. Man greift aus dem vom Gegenüber Gesagten ein Stichwort auf, beginnt den Satz mit Apropos und dem Stichwort. Dadurch versucht man zu verhindern, dass ein Kritiker bei seinem unangenehmen Thema bleibt: „Mit dem Thema Verabredung sprichst du ein wichtiges Stich-

> wort an. Hast du heute mit dem Busfahrer wegen unseres Programmes morgen gesprochen… Und was ich dir noch unbedingt erzählen wollte, vergiss nicht, was du sagen willst, ich habe den Kevin gestern Abend viel offener als sonst erlebt, er hat sogar von zuhause erzählt…Apropos zuhause, diesmal bin ich sehr ungern von zuhause weggefahren, meine Frau ist ja so erkältet…!"

Diese problematischen Umgangsweisen werden selbstverständlich nicht nur von kritisierten Kollegen angewandt, die meisten Lehrpersonen kennen sie aus der Kommunikation mit Schülern. Beispiele: Lehrperson zu Schüler: „Hör auf, deinen Vordermann zu ärgern!" Schüler: „Ich habe nichts gemacht!" (Beschwichtigen). Lehrperson: „Mir reicht es jetzt, dass du ununterbrochen mit deinem Nachbarn sprichst!" Schüler: „Immer sprechen sie nur mich an, die Anderen unterhalten sich ja auch!" (Anklagen). Lehrperson: „Warum hast Du Deine Hausaufgaben nicht vollständig gemacht?" Schüler: „Meine Mutter hat gesagt, dass es ein Gesetz gibt, nach dem sie uns gar nicht so viele Hausaufgaben geben dürfen und ihr Kollege, Herr M. hat gesagt, dass wir selbst entscheiden können, wie viele Aufgaben wir erledigen.!" (Rationalisieren). Lehrperson: „Hier fehlt noch die Unterschrift deiner Eltern!" Schüler: Ich musste gestern den ganzen Nachmittag und Abend Hausaufgaben in Deutsch und Englisch machen. Das war einfach zu viel!" (Ablenken).

Auch in Elterngesprächen lassen sich die problematischen Umgangsweisen mit kritischen Sachverhalten beobachten. Bsp.: Der Klassenlehrer eines dritten Schuljahres teilt der Mutter eines Schülers mit, dass die Schule sich nicht in der Lage sieht, den Schüler optimal zu fördern und deshalb beabsichtigt, ein Sonderschulaufnahmeverfahren durchzuführen. Darauf reagiert die Mutter:" Ach wissen sie, der Junge ist zurzeit etwas anstrengend, aber glauben sie mir, das gibt sich wieder. Das ist jetzt eine etwas schwierige Phase, die hatten wir bei unserem älteren Sohn auch!" (Beschwichtigen) oder „Das ist doch wieder typisch. Kaum passt ein Kind nicht in ihr Schema F, schon wird es abgeschoben. Ist ihnen der Begriff individuelle Förderung schon einmal begegnet?“ (Anklagen) oder „Zum Thema „optimal fördern“ habe ich die letzten drei Klassenarbeiten in Mathematik einmal meinem Nachbarn gezeigt, der war bis zu seiner Pensionierung Professor für Grundschuldidaktik. Als er die Arbeiten sah, war er entsetzt über ihre völlig veraltete Form der Aufgabenstellung und Leistungsbewertung. Er meinte, es sei kein Wunder, dass mein Junge völlig verunsichert sei!“ (Rationalisieren) oder „Also wegen seiner Schwierigkeiten in Mathematik und Deutsch haben wir schon einmal an Nachhilfe gedacht. Am Wochenende las ich in der Zeitung von einem neuen Institut hier in unserer Stadt. Was halten sie denn von Nachhilfe in solch einem Institut?“ (Ablenken)

Das Gemeinsame dieser sehr unterschiedlichen problematischen Umgangsweisen mit Kritik ist die ihnen innewohnende, meist unbewusste Absicht, das Thema zu wechseln. Dadurch soll eine Auseinandersetzung mit der vorgebrachten Kritik oder gar die Übernahme von Verantwortung für das eigene Verhalten vermieden werden. Als Kritiker kann ich diese Reaktionsweisen der Kritisierten nicht wirklich verhindern, ich kann aber die in ihnen enthaltene Aufforderung zum Themenwechsel weitgehend ignorieren.

Darüber hinaus kann ich mir bewusst machen, wenn möglich, nicht mehr zu wollen als der Kritisierte. Was bedeutet das? Die Sozialpsychologen behaupten, dass in der menschlichen Interaktion der, der in einer Beziehung am meisten will, den geringsten Einfluss hat. Wenn ich möchte, dass mein Gegenüber sein Verhalten ändert, dann hat der es in der Hand, auf meine Wünsche einzugehen oder auch nicht. Je mehr ich es brauche, dass der Andere sich ändert, weil ich sonst an meiner Überzeugungskraft zweifele oder etwas, was mir wichtig ist, sich sonst nicht realisieren lässt o.ä., desto schwächer wird meine Position. Schule ist von der Idee her eine Einrichtung, in der Schüler von ihren Lehrpersonen etwas wollen sollten (z.B. etwas lernen wollen sollten). Dies ist sicher in der Grundschule auch genau so, an den weiterführenden Schulen und je mehr Schulerfahrung Schüler haben, ist die Situation allerdings so, dass die Schüler mit rasender Geschwindigkeit die Verhältnisse umkehren und die Lehrer von ihnen was wollen. Für die Lehrpersonen bedeutet dies, dass sie den geringsten Einfluss in der Schule haben. (Natürlich haben Lehrpersonen auf Grund ihrer Amtsautorität entscheidenden Einfluss auf Noten, gleichwohl bedeutet das noch nicht, dass sie auch kommunikativ im Alltag mit Schülern diesen Einfluss nutzen und spüren können.) Wenn ich Schülern gegenüber wie ein Bittsteller darum betteln muss, dass sie bereit sind, von mir etwas zu lernen, dann fühlt sich das nicht besonders gut an.

In der menschlichen Interaktion hat der, der in einer Beziehung am meisten will, den geringsten Einfluss.

Im Schulalltag ist der Wechsel des Einflusses von der Lehrperson zum Schüler von diesem ganz leicht in Gang zu setzen, wenn die Lehrperson mitmacht. Bsp.: Lehrer: „Kevin, wo sind deine Hausaufgaben?" Schüler: Ich wollte sie machen, ich hätte sie gerne gemacht, aber sie haben die Aufgaben so erklärt, dass das hier keiner richtig verstanden hat. Ich auch nicht!" Wenn die Lehrperson jetzt versucht, den Schüler davon zu überzeugen, dass sie es gestern richtig erklärt und er deshalb die Hausaufgaben hätte machen können, schon ist die Lehrperson auf der Seite, dass sie vom Schüler etwas will. Nämlich, dass er einsieht, dass die gestrigen Erklärungen richtig waren und er die Aufgaben hätte erledigen müssen. Wenn man diesen Gesprächsverlauf überzeichnet, ist es so, als ob der Schüler auf die Frage der Lehrperson nach den Hausaufgaben zu dieser gesagt hat: „Ich finde Hausaufgaben sind kein schönes Thema, lassen sie uns doch einmal über ihre Fähigkeit, etwas zu erklären, reden. Haben sie in dieser Sache etwas zu ihrer Entlastung vorzutragen!" Auch hier haben sich die Einflussverhältnisse umgedreht. Sinnvoller wäre es, wenn die Lehrperson auf Kevins erste Einlassung gesagt hätte: „Kevin, meine Frage war, wo deine Hausaufgaben sind. Später können wir gerne darüber reden, was du tun kannst, wenn du etwas nicht verstanden hast. Zuerst möchte ich jedoch eine Antwort auf meine Frage. So würde die Lehrperson Kevins Themenwechsel nicht mitmachen. Generell ist es hilfreich als Lehrperson darauf zu achten, dass gestellte Fragen auch beantwortet werden. Folgt auf eine Frage eine Gegenfrage oder eine Antwort, die nicht zu der gestellten, sondern einer anderen Frage gehört, dann ist dies in der Regel eine Einladung zum Themenwechsel.

Als Kritiker will ich in der Regel, dass der Kritisierte sein Verhalten ändert. Demnach bin ich zunächst auf der Seite dessen, der weniger Einfluss hat. Das liegt in der Natur der Sache. Bleibe ich dort länger als unbedingt notwendig, wird meine Position immer schwächer. Wenn jemand etwas Kritisches mitteilt und der Angesprochene setzt sich nicht konstruktiv damit auseinander, dann ist man geneigt, seine kritische Äußerung noch einmal mit anderen Worten zu wiederholen und dann noch einmal und noch einmal. Je häufiger man das tut, desto ärgerlicher oder hilfloser, in jedem Fall ohnmächtiger fühlt man sich. Dabei kann man fast sicher davon ausgehen, dass der Angesprochene sehr genau verstanden hat, worum es geht, allerdings will er nicht konstruktiv darauf eingehen. Kritiker sollten bedenken, dass Auseinandersetzungen, auf die sie sich nach den o.g. vier problematischen Reaktionen mit den Kritisierten einlassen, nur diesen nutzen: Zum einen brauchen sie nicht wirklich auf die Kritik einzugehen, zum anderen bietet diese Auseinandersetzung den Kritisierten ggf. die Möglichkeit, weg vom eigenen Verhalten, Vorbehalte gegen den Anderen zu generieren. Bsp.: Auf der oben beschriebenen Berlinfahrt gelingt es Herrn L. Frau K. über seine Anklagen in einen Hick-Hack von Vorwurf und Gegenvorwurf zu verwickeln. Irgendwann gehen die Beiden wütend auseinander. Wenn jetzt Herr L. seine Frau anruft, wird er mit großer Sicherheit nicht davon erzählen, dass er fast zwei Stunden zu spät gekommen ist, sondern er wird sagen, dass er sich gerade Unverschämtheiten von Frau K. anhören musste.

Wegen der Bedeutung der These: „Wer am meisten will, hat den geringsten Einfluss!“ hier noch zwei Beispiele aus dem Schulalltag:

1. Beispiel: Eine Lehrperson an einem Gymnasium berichtet davon, dass die Schüler in einem Grundkurs Biologie mehr als demotiviert herumsitzen und quasi die Teilnahme am Unterricht verweigern. Alle freundlichen und kritisierenden Versuche, sie zur Mitarbeit zu bewegen, sind bislang gescheitert. Das Fass zum Überlaufen bringt der Satz eines Schülers: „Es ist doch ihre Aufgabe als Lehrperson, uns zu motivieren. Sie bekommen doch A 14!“ Mit anderen Worten ist die Lehrperson nun eindeutig auf der Seite angekommen,

wo sie mehr will als die Schüler. Als ihr das bewusst wird, dreht sie den Spieß um. Sie entwickelt ein Formblatt mit folgendem Inhalt:

***Erklärung***
***Ich ….. Schüler der Jahrgangsstufe XY des XY-Gymnasiums erkläre hiermit, im Biologieunterricht auf jegliche Förderung durch meinen Biologielehrer Herrn N. zu verzichten. Ich werde im Unterricht anwesend sein, allerdings werde ich mich nicht beteiligen und auch nicht stören. Ich weiß, dass ich in den nächsten Zeugnissen eine ungenügende Note erhalten werde und bin damit ausdrücklich einverstanden. Unterschrift…***

Dieses Formblatt teilte die Lehrperson in der nächsten Stunde aus und forderte die Schüler auf zu unterschreiben. (Der Text beschreibt präzise das, was bisher im Kurs passiert ist: den Verzicht auf jegliche Mitarbeit und Förderung.) Denjenigen, die unterschreiben würden, versprach die Lehrperson, sie in Ruhe zu lassen. Diejenigen, die nicht unterschreiben wollten, müssten dann ja ein Motiv haben, am Unterricht aktiv teilzunehmen. Diese wolle sie gerne fördern. Erstaunlicherweise war kein Schüler bereit zu unterschreiben, was die Lehrperson in die Position brachte, sich von den Schülern erklären zu lassen, was sie vom Unterricht und ihr erwarteten und was sie bereit waren zu tun. (Sicherlich hält dieses Vorgehen einer juristischen Prüfung nicht stand, gleichwohl stellt es eine sehr gelungene pädagogische Maßnahme dar.)

2.Beispiel: Die Mutter des 10jährigen Max weiß aus Kindergarten und Grundschule, dass ihr Sohn alles andere als einfach ist. Nun kommt er zur Gesamtschule. Eigentlich müsste die Mutter sich um ein Gespräch mit Max neuer Klassenlehrerin Frau O. bemühen, um ihr über ihre bisherigen Erfahrungen mit ihrem Sohn in Kindergarten bzw. Grundschule zu berichten und sie um eine enge Kooperation zu bitten. Dann wäre sie allerdings auf der Seite, dass sie von Frau O. etwas wollen würde. Dort will sie jedoch nicht hin, deshalb lässt sie vier Wochen ins Land gehen, meldet sich bei der Klassenlehrerin zu einem Gespräch und beginnt mit dem Satz: „Wie erklären sie sich eigentlich, dass mein Sohn jeden Morgen mit Bauchschmerzen in die Schule geht!" Hiermit spricht sie zum einen eine „Spieleinladung" aus und zum anderen versucht sie, die Klassenlehrerin in die Rechtfertigung zu bringen. Geht diese darauf ein und zählt auf, was sie schon alles für Max, für ihre neue Klasse und für deren Wohlbefinden getan hat, dann kommt sie dahin, dass sie von der Mutter etwas will: Sie will sie überzeugen, dass sie alles richtig gemacht hat. Deshalb ist es für Lehrpersonen wichtig, sich vor Gesprächen zu fragen: Wer will hier was von wem? Nachdem die Aufmerksamkeit dieses Textes bisher sehr stark auf der Seite der Kritisierten lag, soll es im Folgenden um die Frage gehen, wie man etwas Kritisches so mitteilt, dass die Wahrscheinlichkeit reduziert wird, dass die Angesprochenen in problematischer Weise reagieren oder versuchen, den Kritisierenden auf die einflusslose Seite zu bringen. Dazu (noch einmal) einige grundsätzliche Hinweise und Vorschläge für den roten Faden eines Kritikgesprächs:

Grundsätzliches

- Es gibt keine ,,objektiv richtige" Interpretation des Verhaltens eines anderen Menschen. ,,Objektivität ist die Wahnvorstellung, man könne beobachten, ohne beteiligt zu sein! (Heinz von Foerster)
- Vorsicht bei Rückschlüssen vom Verhalten eines Menschen auf seinen Charakter!
- ,,Wenn ich darüber nachdenke, wie andere von mir denken, denke ich in der Regel negativer als die anderen tatsächlich von mir denken!"
- ,,Die Vermeidung des Problems sichert den Bestand des Problems!" (Paul Watzlawick)
- ,,Heimliche Wünsche werden unheimlich selten erfüllt!"
- Hilfreich ist die Unterscheidung zwischen Rolle und Person: Aus welcher Rolle heraus will ich jemandem etwas Kritisches mitteilen. Durch welches Verhalten beeinträchtigt der andere Mensch mich in der Wahrnehmung meiner Rolle. Womit hat der andere Mensch mich persönlich gekränkt, verletzt o.ä..

**Tipps zum Gesprächsaufbau und zur Gesprächsführung**

Gespräch eröffnen. Wertschätzende Atmosphäre ("Vieraugengespräch", Raum und Zeit). Direkte Ansprache des Gesprächsanlasses und des Kontextes, in dem das Gespräch steht. Gelegentlich beginnt der Kritisierende das Gespräch mit der Suggestivfrage: „Was denken sie / denkst du, warum ich zu diesem Gespräch eingeladen habe?" Damit verbunden ist vermutlich die Hoffnung, dass der Kritisierte schon von alleine die heiklen Punkte anspricht. Die Erfahrung zeigt, dass die allermeisten Kritisierten sofort „den Braten riechen" und in eine Defensivhaltung gehen.

Den zu kritisierenden Sachverhalt möglichst vollständig darstellen, ohne ihn sofort zu bewerten. Konkrete Verhaltensbeschreibungen.

Dem Anderen Gelegenheit zur Darlegung seiner Sichtweise geben. Nachfragen und vergewissern, ob ich richtig verstanden habe.

Darstellung der eigenen Bewertung des zu kritisierenden Verhaltens. Unterscheidung zwischen Tatsachen und Vermutungen. Vorsicht: Keine ,,alten Rabattmarkenbücher" einlösen.

Beschreibung der Gefühle, die durch die eigene Interpretation des Verhaltens des anderen Menschen bei mir ausgelöst wurden. Auswirkungen dieser Gefühle auf die Beziehung zu dem anderen. Dabei muss ich nicht alles, was ich denke und fühle, ausdrücken, aber alles, was ich ausdrücke, soll mit dem übereinstimmen, was ich wirklich denke und fühle.

Darlegung meiner eigenen Bewertungshintergründe/Werthaltungen/Optionen. Dieser wichtige Schritt wird von den Kritikern oft weggelassen. Er ist aber deshalb so wichtig, weil es sich in der Regel lohnt, über die dem zu kritisierenden Verhalten zugrunde liegenden Werthaltungen ins Gespräch zu kommen. So wird vermutlich Herr L. nicht aus Bösartigkeit zu spät ins Hotel gekommen sein, sondern deshalb, weil auf seiner persönlichen Werteskala das Einhalten von Absprachen nicht so hoch im Kurs stand, wie bei Frau K. Vorsicht bei dem klärenden Gespräch über die unterschiedlichen Sichtweisen vor Gesprächstechniken, die die Verständigung erschweren und vor möglichen Versuchen des Anderen, mir meine authentischen Gefühle weg reden zu wollen. Formulieren, was nach dieser Klärung von meiner Kritik noch bleibt.

Besprechung von Konsequenzen. Was soll sich ändern? Welche Erwartungen oder Wünsche habe ich an den Anderen? Was kann ich selbst dazu beitragen, dass der Andere das von mir kritisierte Verhalten unterlässt?

Hier noch einmal die wichtigsten Merkpunkte eines solchen Gesprächs:

**Merkpunkte für ein Kritikgespräch**

- **Darstellen des zu kritisierenden Sachverhalts.**
- **Nachfragen beim Kritisierten**
- **Darlegen der eigenen Bewertungen/Empfindungen**
- **Erläutern des eigenen Werthintergrundes/ der eigenen Optionen, der/die zur Kritik geführt haben.**
- **Wünsche/ Konsequenzen, die sich aus der Kritik ergeben**
- **Gesprächsergebnis zusammenfassend formulieren.**

Diese Merkpunkte sollen einen „roten Faden" beschreiben, dem man in einem Kritikgespräch folgen kann. Dabei stellen die einzelnen Merkpunkte eine denkbare Abfolge dar. Es kann jedoch auch sinnvoll sein, die Reihenfolge zu ändern. Wenn man sehr verärgert oder wütend ist, dann ist es kaum zu schaffen, in sachlicher Weise den zu kritisierenden Sachverhalt darzustellen. In diesem Fall sollte man sich zunächst emotional etwas Luft machen: „Bevor ich dir/ihnen sage, worum es geht, sollst du/ sollen sie wissen, dass ich so einen „dicken Hals" habe!" Anschließend ist es einfacher den Sachverhalt darzulegen. Entscheidend bei diesen Merkpunkten ist es, klar zu unterscheiden zwischen der möglichst sachlichen Darlegung des zu kritisierenden Sachverhalts und der eigenen Bewertung sowie den eigenen Emotionen. (In Kapitel 2.2 wird bei der Wahrnehmung unterschieden zwischen Sinneswahrnehmung (= Sachverhalt darlegen), Interpretation (= eigene Bewertung) und Gefühl (= eigene Emotionen)). In dem o.g. Beispiel Berlinfahrt könnte Frau K., nachdem Herr L. mit seiner Schülergruppe fast zwei Stunden zu spät gekommen ist, ihn entweder noch in der Nacht oder am nächsten Morgen ansprechen: „Kollege L., wir hatten eine feste Vereinbarung, dass du um 23.30 Uhr wieder hier sein solltest.

Jetzt haben wir 1.15 Uhr. In der Zwischenzeit habe ich versucht, dich telefonisch zu erreichen, was nicht gelungen ist. Ich habe auf euch gewartet. Etwa alle zehn Minuten stand ein anderer Schüler, von denen, die eigentlich schon schlafen sollten, vor mir und hat sich beklagt, dass sie im Bett liegen müssten, während die andere Hälfte der Klasse noch unterwegs sein durfte. (Darlegen des Sachverhaltes) Gab es denn einen Grund, zu spät zu kommen?" (Nachfragen) An dieser Stelle wird Herr L. möglicherweise mit einer oder mehrerer der problematischen Umgangsweisen (Beschwichtigen usw.) reagieren. Dann ist es wichtig, dass Frau K. nicht darauf eingeht, sondern auf der Beantwortung ihrer Frage beharrt. Kann Herr L. keinen plausiblen Grund (S-Bahn ausgefallen oder Schüler hat sich verletzt und musste zum Arzt o.ä.) benennen, teilt Frau K. ihre Bewertung und Empfindungen mit: „Dass du erst jetzt kommst, ist für mich ein klarer Bruch unserer Vereinbarung. Verabredet war 23.30 Uhr. (eigene Bewertung) Es ärgert mich, dass du dich nicht gemeldet hast. Richtig auf die Palme gebracht, haben mich die überflüssigen Auseinandersetzungen mit den sich beschwerenden Schülern!" (Eigene Empfindungen) Auch dazu sollte sich Frau K. nicht auf Diskussionen mit Herrn L. einlassen - möglicherweise wird er versuchen, ihr ihre Wertung und Empfindungen auszureden. Damit deutlich wird, dass es Frau K. nicht um eine persönliche Animosität gegen ihren Kollegen geht, sollte sie noch ihre Werthintergründe (= warum Herrn L.s Verhalten für sie ein Problem ist) benennen: „Ich habe ein großes Problem mit deinem Zuspätkommen, weil für mich das Einhalten von Absprachen auf Klassenfahrten essentiell ist. Wie sollen wir unsere Schüler dazu anhalten, wenn wir uns selbst nicht daranhalten!" Hier lohnt es sich, mit Herrn L. über seine Werthintergründe zu sprechen. Der nächste Merkpunkt „Konsequenzen" sollte das Gespräch beenden: „Ich möchte gerne, dass du dich zukünftig verlässlich an unsere Absprachen hältst. Mit Blick auf die im Hotel gebliebenen Schüler möchte ich, dass du denen morgen früh erklärst, warum ihr zu spät gekommen seid. Kann ich davon ausgehen, dass du dich darauf einlässt?" Sollte Herr L. nicht dazu bereit sein, insbesondere Absprachen einzuhalten, sollte Frau K. überlegen, ob sie mit Blick auf mögliche Aufsichtsprobleme und / oder Elternreaktionen nicht die Schulleitung informiert. Dies allerdings nur, nachdem sie Herrn L. über ihre Absicht informiert hat. Das Einbeziehen der Schulleitung kann auf der einen Seite als „Anschwärzen eines Kollegen" interpretiert werden, auf der anderen Seite steht aber die sich abzeichnende Handlungsunfähigkeit der beiden Lehrpersonen. Wenn zwei auf gleicher Ebene sich in Fragen, die wichtige Bereiche ihrer pädagogischen Arbeit betreffen, nicht einigen können, muss die nächsthöhere hierarchische Ebene entscheiden. Dies ist u.a. der Sinn von Hierarchie, Handlungsfähigkeit zu sichern.

Im Hinblick auf die Vorbereitung, den Kontext und die Modalitäten hier noch einige hoffentlich hilfreiche Hinweise für das Kritikgespräch

- Gute Vorbereitung. Den Gesprächseinstieg vorher überlegen. Oft ist der Einstieg in ein Gespräch, vor allem, wenn es um Kritik an Kollegen geht, der schwierigste Teil. Mitunter lohnt es sich, konkrete Sätze für sich zu formulieren und auswendig zu lernen. Wenn man zwei oder drei Sätze gesprochen hat, fällt es sehr viel leichter in das Gespräch hinein zu kommen.
- Schon bei der Ankündigung des Gespräches kurz offenlegen, worum es geht.
- Nicht vor Anderen kritisieren. Kritikgespräche unter vier Augen. Niemanden in Abwesenheit bloßstellen.
- Nicht übers Telefon oder über Dritte kritisieren.
- Nicht Personen, sondern Verhalten kritisieren.
- Kritik möglichst zeitnah. Bei starken Emotionen ggf. eine Nacht drüber schlafen.
- Ein Kritikgespräch braucht Raum und Zeit.
- Geäußerte Kritik nicht durch Anerkennung in einer anderen Sache abschwächen. In einigen Ratgebern zur Gesprächsführung wird die sogenannte „Sandwichmethode" vorgeschlagen. Gemeint ist damit, ein Kritikgespräch mit einem Lob zu beginnen, dann folgt die Kritik und zum Abschluss noch ein Lob. Meine Erfahrung ist die, dass das eine dem anderen etwas von seiner Bedeutung nimmt. Beginne ich mit einem expliziten Lob, dann merkt der Angesprochene etwa an körpersprachlichen Äußerungen, dass noch etwas anderes in der Luft liegt. Kommt dann die Kritik, ist das Lob vergessen. Kommt dann wieder ein explizites Lob, wird dadurch die Kritik relativiert.
- Erledigte Kritikpunkte in einem erneuten Kritikgespräch nicht noch einmal heranziehen. Hat der

Kritisierte frühere Kritikpunkte ausgeräumt, sollten diese bei neuerlicher Kritik nicht noch einmal „aufgewärmt" werden.

Abschließend noch einige Bemerkungen zu dem Fall, dass die Kritik von Schülern, Eltern oder Kollegen an einer Lehrperson berechtig ist. Dann ist es sehr sinnvoll, nachdem man die Kritik verstanden hat, einzuräumen, dass man etwas versäumt oder sich falsch verhalten hat. Versucht man sich rauszureden, ist man sehr schnell bei den beschriebenen problematischen Kommunikationsmustern. Außerdem wird dadurch die eigene Autorität stark geschwächt.

## 2.2 Exkurs: Mein schwierigster Gesprächspartner

In dem folgenden Kapitel soll der Frage nachgegangen werden, warum wir uns in Gesprächen mit bestimmten Menschen sehr viel schwerer tun, als mit anderen Menschen. Offensichtlich sind es bestimmte dominierende Verhaltensweisen bei anderen, die uns verunsichern, stören, wütend oder hilflos machen. Bei allen Vorbehalten gegenüber Kategorisierungen soll hier auf die von Virginia Satir vorgelegten vier Kommunikationsformen in Stresssituationen zurückgegriffen werden. Entsprechend dieser vier Reaktionsweisen:

- Anklagen
- Beschwichtigen
- Rationalisieren
- Ablenken

lassen sich vier Typen beschreiben. Diese Typologie soll keine Charaktertypen beschreiben. Es handelt sich um erlernte Verhaltensmuster, die jedem mehr oder weniger vertraut sind. Wenn wir richtig unter Stress geraten, gibt es sehr wahrscheinlich eines dieser Muster, auf das wir dann zurückgreifen. Es handelt sich nicht um manifeste Persönlichkeitsmerkmale im Sinne eines Charakters, die kaum veränderbar sind. Wenngleich die eigene Persönlichkeitsstruktur zweifellos die Ausprägung bestimmter Muster begünstigt.

Maria Bosch, eine Mitarbeiterin von Virginia Satir, betont angesichts der vier problematischen Kommunikationsformen, dass in der kongruenten Kommunikation (= die fünfte gelingende Kommunikationsform) drei wesentliche Aspekte gleichwertig berücksichtigt werden müssen: Ich mit meinen Wünschen und Bedürfnissen, die Anderen mit deren

Wünschen und Bedürfnissen und die Sache, die Aufgabe, um die es geht.

**Typ 1**: Hierbei handelt sich um Menschen, die dazu neigen in Gesprächen und Auseinandersetzungen sehr laut und sehr dominant aufzutreten. Sie bewerten sehr stark, was andere sagen. In der Regel werten sie Gesprächsbeiträge eher ab. Verantwortung und Schuld weisen sie gerne ihren Kommunikationspartnern zu. Schnell können sie auch aggressiv werden. Diese Menschen blenden in ihrer Wahrnehmung die Anderen und die Sache aus und sind nur bei sich.

**Typ 2**: Handelt es sich bei Menschen vom Typ 1 eher um solche, die auf einer gedachten Skala den Pol: Dominanz, Aggression und Schuldzuweisung besetzen, befinden sich Menschen vom Typ 2 eher auf der anderen Seite bei dem Pol: Anpassung, Beschwichtigung und Selbstzweifel. Sie können Auseinandersetzungen nicht gut aushalten. Sie stellen eigene Interessen eher zurück und beschwichtigen mögliche Kontrahenten. Ihnen wird vorgeworfen, keine klare Position zu beziehen. Sie fühlen sich oft überlastet und neigen dazu, lieber zu leiden, als zu handeln. Sie deprimieren sich und andere. In ihrer Wahrnehmung sind sie sehr viel mehr bei den Anderen und weniger bei der Sache und bei sich.

**Typ 3**: Hierbei handelt es sich um Menschen, die gerne Recht haben wollen und dafür gerne in Auseinandersetzungen gehen. Dabei wirken sie schnell arrogant und überheblich. Sie sagen: „Ich wäre gerne bereit, über meine Fehler zu sprechen, wenn ich denn welche hätte!" Ähnlich wie Typ 1 streben sie nach Dominanz, allerdings eher in verdeckter Form. Sie beginnen ihre Sätze gerne mit: Ja, aber… Sie gehen häufig in Konkurrenz und rivalisieren gern. Sie beanspruchen für sich, im Besitz objektiver Wahrheit und der richtigen Ordnung zu sein. In ihrer Wahrnehmung sind sie bei der Sache und deren objektiv richtiger Ausprägung und subjektiv geht es ihnen auch nur darum, die Anderen und sich blenden sie aus. Auf einer gedachten Skala besetzt Typ 3 den Pol: Ich weiß, was richtig ist, vielleicht kommst du irgendwann auch einmal da hin.

**Typ 4**: Hier finden sich Menschen, die eher unverbindlich sind. Sie besetzen den dem Typ 3 gegenüber liegendem Pol: Es könnte so, aber auch ganz anders sein. Sie sind nicht so gut organisiert und in ihrer Kommunikation leicht sprunghaft. Sie lassen sich nicht gerne auf verbindliche Aussagen festlegen und Zuverlässigkeit ist keine ihrer Stärken. In ihrer Wahrnehmung sind sie mal bei sich, mal bei den Anderen und mal bei der Sache.

**Mein schwierigster Gesprächspartner**

| Typ 1.<br>Offene oder verdeckte Aggressionen<br>Ablehnung / Abwertung<br>Offenes Dominanzstreben<br>Offene oder verdeckte Schuldzuweisungen | Typ 3:<br>Rechthaben wollen<br>Arroganz und / oder Überheblichkeit<br>Konkurrenz / Rivalität<br>Verdecktes Dominanzstreben |
|---|---|
| Typ 4:<br>Unzuverlässigkeit<br>Unorganisiertheit<br>Unverbindlichkeit<br>Ausweichende Kommunikation | Typ 2:<br>Beschwichtigungen<br>Überlastung<br>„Leiden statt handeln"<br>Sich und andere deprimieren |

Vermutlich wird jeder Leser seinen schwierigsten Gesprächspartner in einem oder mehreren dieser Typen erkennen. Sie lösen mitunter Gefühle von Ohnmacht oder Wut aus und lassen einen hilflos zurück. Dazu einige Beispiele:

**Typ 1**: Der Vater eines 15jährigen Gymnasiasten beschwert sich beim Schulleiter über die Unterrichtsführung des Mathematiklehrers seines Sohnes. Darauf der Schulleiter: „Ich möchte sie bitten, doch zunächst mit dem Fachlehrer zu sprechen und ihm ihre Bedenken und Anfragen mitzuteilen!" Vater: „Bei allem Respekt, aber der Mann ist doch gar nicht in der Lage vernünftig zu unterrichten und zudem mit den ausgeprägten Persönlichkeiten in der Klasse heillos überfordert. Sehen sie, ich bin Abteilungsleiter in einer namhaften Bank und ich bin es gewohnt, Probleme mit subalternem Personal auf der Leitungsebene zu klären!"

**Typ 2**: Gespräch zweier Kolleginnen. Frau P.: „Wie war es denn heute in der 7?" Frau Q.: „Wieder einmal sehr schwierig. Diese Kinder brauchen eigentlich ganz viel Zuwendung, sie provozieren aber immer nur Streit und Auseinandersetzung. Dafür bin ich nicht Lehrerin geworden. Vielleicht bin ich ja auch im falschen Beruf. Das geht schon seit Beginn des Schuljahres so. Du hättest vermutlich diese Probleme nicht. Ich kann leider nicht raus aus meiner Haut. Glaub mir, ich habe schon alles versucht. Ich weiß nicht, wie das weitergehen soll!"

**Typ 3**: Fachleiterin zum Referendar: „Das war ja heute mein erster Unterrichtsbesuch bei ihnen. Wie geht es ihnen denn jetzt direkt nach der Biologiestunde?" Referendar: „Wie soll es mir schon gehen. Ich weiß, dass ich dieses Verfahren über mich ergehen lassen muss, aber der Sinn hat sich mir noch nicht erschlossen. Ich habe in Molekularbiologie summum cum laude promoviert und habe zuletzt an der hiesigen Uni in einem leider befristeten Forschungsprojekt gearbeitet. Ich denke, ich bin in der Biologie auf dem neuesten wissenschaftlichen Stand. Nun mit Kindern zum Thema Säugetiere zu arbeiten, fordert mich nur sehr begrenzt heraus!"

**Typ 4**: Klassenlehrerin zur Mutter eines Schülers: „Ich habe sie zu diesem Gespräch eingeladen,… Mutter unterbricht: „Ich habe leider nur ganz wenig Zeit, ich muss heute noch zur Stadtverwaltung und weil ich kein Auto habe, muss ich mit Bus fahren!" Lehrerin:" … weil mir mehrfach aufgefallen ist, dass ihr Sohn seine Hausaufgaben nicht gemacht hat und auch die Unterrichtsmaterialien nicht dabei hatte!" Mutter: „Der Junge ist wie sein Vater. Unzuverlässig bis zum geht nicht mehr. Glauben sie mir, ich versuche schon lange, Ordnung in diese Familie zu bringen. Apropos Familie, jetzt habe ich doch glatt den Antrag für die Familienhilfe zu Hause liegen lassen. Ärgerlich, hoffentlich schaffe ich es noch, den zu holen, bevor die Stadtverwaltung schließt. Entschuldigung, sie wollten ja mit mir über meinen Sohn sprechen. Der hat nur noch das Internet im Kopf!"

Nun wird es so sein, dass man sehr unterschiedlich gut mit den einzelnen Typen umgehen kann. Bei einigen wird man sehr gelassen reagieren, andere bringen einen emotional richtig an die Grenze. Warum ist das so? Wie lassen sich die unterschiedlichen Reaktionen psychologisch erklären. Hätte man C. G. Jung dazu befragt, so würde er vermutlich mit seiner Schattentheorie antworten. Dieses Konzept bietet eine mögliche Erklärung: Jung geht davon aus, dass jeder Mensch ein bewusstes Bild von sich selbst hat, von dem er anderen Menschen auch etwas zeigen möchte. Jung nennt diese vorgezeigte „Maske“ in Anlehnung an das griechische Theater Persona. So sicher jeder Mensch eine Persona hat, so sicher gibt es in seinem Unbewussten Anteile, die er nicht haben möchte, die er ablehnt und die auf keinen Fall deutlich werden dürfen: seinen Schatten. Obwohl der Schatten unbewusst ist, tritt er doch gelegentlich ins Licht des Bewusstseins. Wenn es meinem Bild von mir selbst entspricht, dass ich ein sehr ordentlicher Mensch bin, der korrekt und in vollkommener Ordnung lebt, so gibt es doch meistens eine „kleine“ unordentliche und chaotische Stelle in meinem Leben, z.B. mein Schreibtisch o.ä.. Jung geht davon aus, dass Menschen, auf die wir emotional sehr heftig reagieren, uns unsere Schattenanteile vorleben. So belastend diese Begegnungen mitunter sind, augenzwinkernd könnte man sagen, ist dies die einmalige Gelegenheit, seinem Schatten persönlich zu begegnen. Die meisten Menschen kennen diese heftigen emotionalen Reaktionen, da braucht jemand - auch wenn ich ihn nicht kenne - nur wenig zu sagen und schon geht der Blutdruck hoch. Hinweise auf meinen Schatten, den ich ja, weil unbewusst, nicht kenne, erhalte ich demnach in meiner Begegnung mit anderen Menschen, die in mir einen Alarm auslösen. Hinweise auf meinen Schatten kann ich ebenfalls erhalten, wenn ich von mir weiß, dass ich auch die Fähigkeit habe, gelegentlich, wenn es sein muss, ein schwieriger Gesprächspartner sein zu können. Wenn ich also dazu neige, in Gesprächen auch mal aggressiv zu werden, dann wird mein Schatten wahrscheinlich der auf dem anderen Ende der oben beschriebenen Skala sein: Anpassung und Selbstzweifel. Weiß ich von mir, dass ich gerne rechthaben und behalten will, dann wird mein Schatten Unverbindlichkeit und ausweichende Kommunikation sein. Entsprechendes gilt auch umgekehrt.

Die meisten Menschen kennen diese heftigen emotionalen Reaktionen, da braucht jemand - auch wenn ich ihn nicht kenne - nur wenig zu sagen und schon geht der Blutdruck hoch.

Folgt man diesen Gedankengängen, dann hat die heftige Reaktion auf meinen schwierigsten Gesprächspartner zwei

Hintergründe: Zum einen vertritt hier jemand in seinem Verhalten bestimmte Werte, die auf meiner persönlichen Werteskala ziemlich weit unten sind und zum anderen repräsentiert mein Typ Gesprächspartner, das, was im Unbewussten auch meins ist. Da ich aber keinesfalls so sein möchte, weil es meinem Selbstbild nicht entspricht, gehe ich emotional umso heftiger auf mein Gegenüber los: Ich meine ihn als Person, aber auch meinen Schatten. Jung spricht hier von einer Projektion. Etwas, das eigentlich meins ist, sehe ich bei dem Anderen. Ausländerfeindlichkeit, Fremdenhass und Rassismus lassen sich so psychologisch verstehen.

Nach Jungs psychologischer Theorie der Individuation (=Menschwerdung) gilt es für jeden Menschen vor allem zwei Integrationsleistungen zu vollbringen. Die eine ist die Integration gegengeschlechtlicher Anteile (Animus und Anima) und die zweite ist die Schattenintegration. Schattenintegration bedeutet nicht, dass ich mich so verhalte, wie der Typ, den ich ablehne. Diese Gefahr sich so zu ändern, besteht nur, wenn ich nicht bereit bin, mich mit meinem Schatten auseinander zu setzen, siehe Dr. Jekill und Mr. Hyde. Schattenintegration bedeutet, meine Schattenseite zu erkennen und als zu mir gehörig anzuerkennen. Das folgende Beispiel zeigt noch einen weiteren Aspekt der Schattenintegration auf: Während einer Tagung in einer von Ordensschwestern geführten Schule mit etlichen dem Orden angehörenden Lehrerinnen zum Thema Elterngespräche bat ich die Teilnehmer darum, dass jeder eine Moderationskarte mit den drei wichtigsten Eigenschaften beschriftet, die ein guter Gesprächsführer in der Schule haben sollte. Z.B. Geduld oder Empathie oder Klarheit o.ä.. Dann bat ich die Teilnehmer die Karte umzudrehen und die gegenteiligen Eigenschaften (= eines ganz schlechten Gesprächsführers) zu notieren. Dann bat ich die Teilnehmer um eine Gesprächssimulation zu dritt: Lehrperson, Elternteil und Beobachter. Die Lehrperson sollte in einem Elterngespräch eine der Eigenschaften auf der Rückseite der eigenen Moderationskarte lebendig werden lassen. Nach drei Minuten sollte das Gespräch beendet werden und Elternteil und Beobachter sollten erraten, um welche Eigenschaft es sich gehandelt hat. Dann sollten die Rollen noch zweimal gewechselt werden. Bis zu dieser Übung zeichnete sich die Atmosphäre dieser Tagung durch Ruhe, Sachlichkeit und große Disziplin aus. Insbesondere das letzte Merkmal war für Lehrerkollegien eher ungewöhnlich. Meistens musste man als Referent auf einer solchen Tagung mit allerlei Kritikern diskutieren. Hier bei dieser Tagung wurde alles ohne Widerspruch umgesetzt. Lediglich bei der Übung: Ein schlechter Gesprächsführer sein, haben die Anwesenden kurz gezögert, als sie sich ins Rollenspiel begeben sollten. In Hörweite zu mir saß eine Triade, in der die Mutter zu einer Ordensschwester als Lehrerin sagte: „Also Schwester, das muss ich sagen, mein Sohn geht gar nicht mehr gerne in diese Schule!" Darauf die Ordensschwester: „Der gehört auch nicht hierher!" Alle lachten. Auch in den anderen Gruppen war plötzlich eine ausgelassene Stimmung. Im Raum entstand aus dem Nichts eine körperlich spürbare positive Energie. Was war hier geschehen: Ich hatte die Anwesenden gebeten, in einer Gesprächssimulation ihre Schattenseiten lebendig werden zu lassen. Etwas, was sie im richtigen Leben niemals so tun würden und plötzlich ist der Raum voller Energie. Eine Energie, die die Teilnehmer normalerweise auf die Schattenseite drängten, die sie jetzt aber mit meiner ausdrücklichen Erlaubnis freisetzten. Natürlich kann eine Lehrperson niemals mit einer Mutter so reden, wie in der von mir „belauschten" Triade geschehen. Aber die Klarheit und Entschiedenheit, mit der die Ordensschwester sprach, wäre vermutlich in manchem Elterngespräch sehr hilfreich. Schattenintegration kann hier bedeuten, dass man sich der positiven Energie bewusst wird, die im Schatten liegt. Natürlich ist es unprofessionell, sich als Lehrperson narzisstisch in den Mittelpunkt zu stellen, aber in manchen Situationen kann es sehr klärend sein, sich ernst zu nehmen und Grenzen zu verdeutlichen. Natürlich geht es nicht, sich als Lehrperson jammernd und heulend vor Eltern zu stellen, aber warum sollen diese nicht mitbekommen, wie belastend und herausfordernd der Lehrberuf ist. Natürlich geht es auch nicht, seine ganzen Selbstzweifel vor einem Referendar auszubreiten, aber ist es nicht auch ein Kennzeichen einer guten Kooperation, offen über eigene Begrenztheit zu sprechen. So betrachtet, liegt in meinem Schatten immer auch eine Entwicklungsaufgabe.

Welche Entwicklungsaufgaben liegen in meinem **Schatten**? In der folgenden Tabelle werden denkbare Entwicklungsaufgaben vorgeschlagen:

| **Offene Aggression**<br>*begegnen durch:*<br>Mit Klarheit und Entschiedenheit „Ich" sagen! | **Rechthabenwollen**<br>*begegnen durch:*<br>Autorität für *mich* beanspruchen! |
|---|---|
| **Unzuverlässigkeit**<br>*begegnen durch:*<br>Verantwortlichkeiten klären, mich auf meine Verantwortung reduzieren und mit „Nicht-zu-Klärendem" leben können. | **Beschwichtigen und Jammern**<br>*begegnen durch:*<br>Eigene Grenzen erkennen und mit diesen Begrenztheiten leben. |

Gelingt es mir, mich trotz meiner Unzulänglichkeiten und ungeliebten Schattenseiten zu mögen, dann wird möglicherweise aus meinem schwierigsten Gesprächspartner ein zwar nicht einfaches, aber akzeptables Gegenüber.

## 2.3 Umgang mit unsachlicher Kritik: „Wenn du nicht wärest, wäre alles gut!"

Es gibt kaum einen Beruf, in dem man sich so oft und so dauerhaft Feedback ausgesetzt sieht, wie im Lehrberuf. Leider gibt es so für Lehrpersonen auch immer wieder unerfreuliche Elterngespräche. Damit sind nicht die Gespräche gemeint, in denen deutliche aber konstruktive Kritik von Seiten der Eltern vorgebracht wird, sondern Gespräche, die eine brisante Mischung beinhalten, die sich zusammensetzt aus einem nachvollziehbaren, sachlichen Anliegen, das in dieser Kritik versteckt ist und einem abwertenden und/oder unverschämten Vorwurf, der kränkt und/oder beleidigt. Als Angesprochener nimmt man diesen Vorwurf wahr, (in der Regel reagiert der Körper schneller als der Kopf: der Blutdruck steigt, die Atemfrequenz verändert sich u.a.

(= Stresssymptome), man versucht Symptome aber zu ignorieren, um nicht in eine persönliche Auseinandersetzung zu gelangen. Das bewusste Überhören der Unverschämtheit provoziert den Kritiker eher noch deutlicher zu werden.

Paul Watzlawick sagt: Die Vermeidung des Problems sichert den Bestand des Problems. Hier soll die Auffassung vertreten werden, die Unverschämtheit nicht zu ignorieren, sondern offensiv anzusprechen:

**1. Beispiel:** Herr R., Vater eines Schülers der Jahrgangsstufe 6 hat Frau S., Klassenlehrerin in der 6, um ein Gespräch gebeten. Herr R.: „Nachdem mein Sohn in der letzten Klassenarbeit eine mangelhafte Note bekommen hat, haben sie ihm geraten, sich häufiger zu melden, allerdings traut er sich nicht!" Frau S.: „Hat er ihnen gesagt, warum er sich nicht traut?" Herr R.: „Das habe ich ihn auch gefragt, er hat aber nur so rumgedruckst. Ich vermute er hat Angst vor ihnen!" Frau S.: „Wenn es so wäre, ist das ein Zustand, den ich auf keinen Fall ignorieren möchte. Haben sie einen Vorschlag, was wir tun können?" Herr R.: „Ich kann gar nichts tun. Sie können was tun. Mein Sohn hat auch früher schon häufiger erzählt, dass sie ihn nie drannehmen, obwohl er sich ständig meldet. Dann durfte er sich nicht neben seinen Freund aus der Grundschule setzen. Auch von anderen Eltern weiß ich, dass ihre ruppige Art den Kindern Angst macht!"

*Kommentar: Herr R. berichtet von seinem Sohn, der sich nicht traut. Die Lehrperson geht kurz darauf ein und bietet eine gemeinsame Suche nach Lösungen an. Der Vater geht aber nicht darauf ein, sondern fügt noch weitere Vorwürfe dazu. Es ist so, als würde er der Lehrerin ein „Spiel" anbieten. Das Spiel heißt „Gerichtsszene" und es geht so, dass der Vater als Staatsanwalt und Richter in einer Person agiert. Die Lehrerin ist die Angeklagte. Die Anklage lautet: Sie haben etwas gegen meinen Sohn! Würde die Lehrerin nun auf die Vorwürfe des Vaters eingehen und sich rechtfertigen, würde sie in das „Spiel" einsteigen und auf dem Stuhl der Angeklagten Platz nehmen. Der Vater würde dann vermutlich noch weitere Vorwürfe vorbringen, aber was die Lehrerin auch sagen würde, es würde dem Vater (=Staatsanwalt) nicht genügen. Irgendwann käme er als Richter zum Urteil: Schuldig. Sie haben etwas gegen den Jungen und wahrscheinlich auch gegen die ganze Familie, damit beendet er das Gespräch. Die Lehrerin bliebe vermutlich wütend bis ratlos zurück und für den Jungen wäre nichts gewonnen. Im folgenden Gesprächsabschnitt nimmt die Lehrerin nicht auf dem Stuhl des Angeklagten Platz, sondern spricht den verdeckten Vorwurf offensiv an.*

Frau S: „Herr R., ich habe verstanden, was sie gesagt haben und will später gerne darauf eingehen. Zunächst beschäftigt mich allerdings die Frage, ob in dem, was sie gesagt haben, ein grundlegender Vorwurf gegen mich steckt? Wenn ja, wie heißt der Vorwurf?" Herr R: „Vorwurf würde ich es nicht direkt nennen. Sie ignorieren meinem Jungen und machen ihm Angst!" Frau S.: „Ich will sie nicht dazu bringen, Vorwürfe zu nennen, die sie gar nicht haben, aber ich höre den Vorbehalt, ich hätte etwas gegen ihren Sohn. Wenn das ihr Vorwurf ist, dann sagen sie es bitte. Lassen sie uns Klartext reden!" Herr R.: „Mein Sohn ist sehr sensibel und er spürt, dass sie etwas gegen ihn haben und hat deshalb Angst vor ihnen!" Frau S: „Das ist das, was sie denken, was ihr Sohn denkt. Denken sie auch, dass ich etwas gegen ihren Sohn habe?" Herr R.: „Ich vertraue meinem Sohn. Irgendetwas muss da ja dran sein!" Frau S: „War das jetzt ein Ja oder ein Nein auf meine Frage?" Herr R.: „Ja!" Frau S: „Das ist nicht schön für mich zu hören, aber ich bin froh, dass sie so offen sind!"

*Kommentar: Nach mehreren Nachfragen konnte die Lehrerin den Vater dazu bewegen, Klartext zu reden. Dadurch wird der verdeckte Vorwurf offen und das angebotene „Spiel Gerichtsszene" konterkariert. M.E. gibt es vier Grundvorwürfe, die Eltern gegen Lehrpersonen haben können:*

- *Sie haben etwas gegen unser Kind oder gegen unsere Familie. (=mangelndes Wohlwollen)*
- *Sie sind für diesen Beruf nicht geeignet. (= mangelnde Kompetenz)*
- *Sie maßen sich etwas an, was ihnen nicht zusteht. (=Infragestellung der Autorität)*
- *Sie sagen die Unwahrheit. (mangelnde Wahrhaftigkeit) Herr M. unterstellt Frau N. mangelndes Wohlwollen.*

Frau S.: „Herr R., sie kommen zu diesem Gespräch, weil sie möchten, dass ihr Sohn hier in der Schule einen guten Weg geht. Das möchte ich auch. Nehmen sie mir das ab, wenn ich das so sage?" Herr R.:" Das nehme ich ihnen grundsätzlich ab!" Frau S.: „Auch hier konkret bezogen auf ihren Sohn!" Herr R.: (zögernd) Ja, ich denke schon!" Frau S.: „Dann haben wir ja schon einmal ein gemeinsames Ziel, auf das wir hinarbeiten können.

*Kommentar: Die Lehrerin bietet dem Vater ein gemeinsames Ziel an und lässt sich dies bestätigen. Würde ihr der Vater dies nicht zugestehen, ist das Gespräch „eigentlich" beendet. Frau S. steht als Lehrperson für die Schule. Wenn der Vater ihr und damit der Schule so grundsätzlich misstraut, sollte er sein Kind besser abmelden. Das mögliche Argument des Vaters, Frau S. zu misstrauen, aber nicht der Schule, in der es auch sicher noch bessere Lehrpersonen für seinen Sohn gäbe, hat keine Relevanz, da sich Herr R. nicht die Lehrpersonen seines Kindes aussuchen kann. Damit das Gespräch hier nicht eskaliert, könnte Frau S., wie auch im folgenden Gespräch mit Herrn R., Kooperation zwischen Elternhaus und Schule zur Erreichung des gemeinsamen Ziels, allerdings unter bestimmten Bedingungen, anbieten.*

Frau S.: „Ich würde gerne mit ihnen bei der Bewältigung der Unsicherheit ihres Sohnes zusammenarbeiten. Ich habe ein großes Interesse daran, dass ihr Junge angstfrei in die Schule kommt. Bevor wir über das Wie der Kooperation nachdenken, ist mir noch eins wichtig: Für Kooperation braucht es m.E. bestimmte Bedingungen, eine ganz wichtige ist die, dass wir uns gegenseitig zugestehen, gute Absichten und ein grundsätzliches Wohlwollen zu haben. Wenn wir uns das gegenseitig absprechen, dann gibt es keine Kooperation. Wenn sie damit einverstanden sind, dann können wir jetzt überlegen, wie wir ihrem Sohn helfen können. Herr R.: „Ich bin damit einverstanden, allerdings weiß ich nicht, was ich tun kann!" Frau S.: „Ihr Sohn traut sich nicht, was zu sagen, das gilt doch sicherlich nicht ihnen gegenüber. Was halten sie davon, wenn wir zu dritt ein Gespräch führen. Konflikte können am besten auf der Ebene gelöst werden, wo sie entstanden sind. Möglicherweise habe ich etwas gesagt oder getan, was er missverstanden hat. Das könnten wir mit ihrer Hilfe ausräumen.

| Die Vermeidung des Problems sichert den Bestand des Problems. |
|---|

**2. Beispiel:** Frau T., Mutter einer Schülerin der Jahrgangsstufe 10 und selbst Lehrerin: „Ich verfolge über die Hausaufgaben und die Berichte meiner Tochter sehr genau, was sie im Deutschunterricht durchnehmen. Ich muss ihnen sagen, ich bin sehr besorgt. Meine Tochter erzählt mir, dass sie mit den Arbeitsblättern, die sie gerade gestern ausgeteilt haben, nicht klarkommt. Nun kann ich ihr, weil ich auch vom Fach bin, glücklicherweise helfen, aber ich verstehe sehr gut, dass sie mit den Aufgaben nicht klarkommt!" Herr U., Lehrer im ersten Jahr nach dem zweiten Staatsexamen: „Ich will ihnen mein Vorgehen gerne anhand unseres schulinternen Curriculums erläutern. Was halten sie davon, wenn wir das Gespräch gemeinsam mit ihrer Tochter fortsetzen. Sie soll ja verstehen, warum wir in der Klasse was tun und ich möchte, dass wir beide, ihre Tochter und ich, so gut klarkommen, dass sie mit ihren Fragen auch zu mir kommt!" Frau T: „Das wäre wünschenswert. Nun scheint ja das Klima in der Klasse nicht das Beste zu sein. Offensichtlich lassen sie es zu, dass einige wenige die Anderen dominieren!"

*Kommentar: Frau T. drückt zunächst einmal nur ihre Besorgnis aus, gleichzeitig „tritt sie dem Junglehrer unter dem Tisch heftig vor das Schienbein". Herrn U.s Versuch, gemeinsam mit ihr und ihrer Tochter das Gespräch fortzusetzen, um anhand des Curriculums sein Vorgehen zu erläutern konterkariert sie mit einem neuen Vorwurf (schlechtes Klassenklima). So wird langsam deutlich, worum es ihr tatsächlich geht.*

Herr U.: „Frau T., das was sie sagen, hört sich für mich so an, als gäbe es auf ihrer Seite einen Vorbehalt gegen mich als Lehrer ihrer Tochter!" Frau T.: „Das hören sie ganz richtig. Wenn ich vergleiche, was sie und ihre Deutschkollegin in der Parallelklasse machen, dann sind sie doch deutlich im Hintertreffen!" Herr U.: „Heißt das, dass sie Zweifel daran haben, dass ich hier sach- und schülergerechten Unterricht mache?" Frau T.: „Ja!" Herr U.: „Ich achte ihre Expertise als Deutschlehrerin und ich bitte sie, mir ebenfalls zuzugestehen, dass ich meinen Job verstehe. Das was ich tue, ist fachlich durch mein Studium und meine Referendarzeit abgedeckt und pädagogisch in unserer Fachkonferenz abgesprochen. Ich will mich gerne mit ihren kritischen Anmerkungen auseinandersetzen und ich bin sehr an einer Kooperation mit ihnen interessiert, wenn sie aber in so grundsätzlicher Weise, wie sie es m.E. tun, meine Kompetenz in Frage stellen - wie sollen wir dann kooperieren?"

*Kommentar: Auch hier bietet der Lehrer der Mutter seine Kooperation an, allerdings nicht um jeden Preis. Würde sie weiterhin unwidersprochen seine Kompetenz so in Frage stellen, wäre er immer in der Position, sich rechtfertigen zu müssen. Oder, um die Metapher von der „Gerichtszene" aufzugreifen, er bliebe auf dem Stuhl des Angeklagten sitzen.*

**3. Beispiel:** Herr V., Vater eines Schülers im vierten Schuljahr einer Grundschule: „Frau W., leider konnte ich in der letzten Woche, als sie mit meiner Frau über ihre Empfehlung zur weiteren Beschulung unseres Sohnes gesprochen haben, wegen einer wichtigen Geschäftsreise, nicht dabei sein. Wie kommen sie dazu, ihm keine Gymnasialempfehlung zu geben. Er muss in jedem Fall Abitur machen und studieren, schließlich soll er später einmal meine Firma übernehmen. Außerdem gehört der Junge aufs Gymnasium!" Frau W., Grundschullehrerin: „Wie ich ihrer Frau schon erklärt habe, geht es mir und uns darum, dass ihr Sohn in einer neuen Schule optimal gefördert werden kann. Nach seinen Leistungen und seinem Sozial- und Arbeitsverhalten ist dies nach unserer Einschätzung nicht das Gymnasium!" Herr V.: „Das können sie doch gar nicht beurteilen!" Frau W.: „Wir geben diese Empfehlungen, weil es unsere Aufgabe ist und weil wir uns auf Grund unserer Expertise eine solche Einschätzung zutrauen. Natürlich können Sie anderer Meinung sein, dann sollten sie uns aber anhand der von uns genannten Kriterien darlegen, in welchen Punkten unsere Einschätzungen ihres Erachtens, falsch sind. Nicht akzeptieren kann ich es, wenn sie uns grundsätzlich die Autorität absprechen, solche Empfehlungen zu geben. Stellen sie sich einmal vor, ich würde auf Grund meiner Außensicht ihre Autorität als Vater in Frage stellen, weil ich mit bestimmten ihrer Entscheidungen nicht einverstanden wäre. Das würden sie mir doch erbarmungslos „um die Ohren hauen". Ich bin gerne bereit, ihnen noch einmal die Gründe dazulegen, die uns veranlasst haben, ihrem Sohn keine Gymnasialempfehlung zu geben, aber tun wir das bitte in gegenseitigem Respekt!"

*Kommentar: Auch hier bietet der Vater das „Spiel: Gerichtsszene" an. Indem er der Lehrerin die Autorität abspricht, versucht er seine Sicht durchzusetzen. Unter diesen Voraussetzungen sollte sich die Lehrerin auf kein weiteres Gespräch einlassen. Nach einer solchen Auseinandersetzung empfiehlt es sich, in jedem Fall die Schulleitung zu informieren und ggf. noch eine Gesprächsnotiz anzufertigen.*

Sollte es dazu kommen, dass der hier beschriebene Herr V. sich an Frau W.s Schulleitung wendet und sich darüber beschwert, dass Frau W. nicht gesprächsbereit gewesen sei, dann wird diese ein Gespräch mit Herrn V. führen (müssen). Die Schulleitung sollte dann zu einem Dreiergespräch (Herr V., Frau W. und Schulleitung) zwecks Klärung der Vorwürfe einladen. Im Vorfeld ist es sinnvoll, wenn Frau W. der Schulleitung in einem Gespräch die Beweggründe, die zu der gegebenen Empfehlung geführt haben, darlegt. Gibt es keine fachlichen Argumente, die gegen die Empfehlung sprechen, dann ist für das Gespräch zu dritt folgende Arbeitsteilung zwischen Frau W. und der Schulleitung sinnvoll. Die Gesprächsleitung übernimmt die Schulleitung und gibt Herrn V. zunächst die Gelegenheit zu erläutern, warum seiner Meinung nach die Empfehlung von Frau W. falsch ist. Dann legt Frau W. ihre pädagogische Sichtweise dar. Sie ist die Fachfrau dafür. Sollte Herr V. erneut Frau W.s Autorität in Frage stellen, dann ist es notwendig, dass ihr die Schulleitung den Rücken stärkt, indem sie darauf hinweist, dass es Frau W.s Aufgabe ist, Empfehlungen für weiterführende Schulen abzugeben und dass sie dazu auch die Autorität hat. Diese Arbeitsteilung wäre auch sinnvoll, sollte es in den anderen o.g. Beispielen zu Beschwerdegesprächen mit der Schulleitung kommen. Die Beantwortung fachlicher Anfragen sollte Sache der Lehrpersonen (= Fachleute) sein, die Sicherung von Wohlwollen, Kompetenz, Autorität und Wahrhaftigkeit Sache der Schulleitungen. Würde diese sich hier raushalten, dann würde dies die Position der Lehrkräfte schwächen, weil der Eindruck entstehen könnte, die Leitung stünde nicht hinter ihren Lehrpersonen. Sollte die Leitung mit dem fachlichen Vorgehen der betroffenen Lehrperson nicht einverstanden sein, dann sollten die Meinungsverschiedenheiten vor dem Elterngespräch besprochen werden. Sollten Fehler gemacht worden sein, stärkt es die Autorität der Lehrperson, wenn sie dies im Elterngespräch einräumt.

Die Anerkennung von Wohlwollen, Kompetenz und Autorität ist eine Bedingung der Möglichkeit von Kooperation. Keinesfalls ist damit gemeint, dass es nicht erlaubt oder sogar unangemessen sei, Kritik am Verhalten von Lehrpersonen zu üben. Konstruktive, meinetwegen auch deutliche Kritik unterscheidet sich allerdings von der Infragestellung von Kooperation.

> Die Anerkennung von Wohlwollen, Kompetenz und Autorität ist eine Bedingung der Möglichkeit von Kooperation.

Eine weitere Bedingung der Möglichkeit von Kooperation und weitergehend von Kommunikation mit dem Ziel einer Verständigung ist die gegenseitige Unterstellung von Wahrhaftigkeit. Geht einer der Gesprächspartner davon aus, dass sein Gegenüber die Unwahrheit sagt, dann ist eine Verständigung nicht möglich. Wenn eine Lehrperson in einem

Elterngespräch Hinweise darauf hat, dass sie der Gesprächspartner belügt oder zu belügen versucht, macht unter diesen Bedingungen eine Fortsetzung des Gesprächs mit dem Ziel einer Verständigung wenig Sinn. Anhand der o.g. Beispiele ist deutlich geworden, dass das „Spiel: Gerichtsszene" zwangsläufig in eine heftige Auseinandersetzung oder eine Demütigung der „angeklagten" Lehrperson führt. Neben dieser kommunikativen Zwangsläufigkeit stellt es schlichtweg eine Respektlosigkeit Lehrpersonen gegenüber dar, wenn Eltern versuchen, auf diese Weise ihren Unmut los zu werden oder ihre Interessen durchzusetzen. Man stelle sich folgende Situation vor: Ein Mann betritt zum ersten Mal den Untersuchungsraum eines Arztes und sagt: "Also, wenn ich sie so sehe und was ich alles in der letzten Zeit über Ärzte gelesen habe, kann ich mir nicht vorstellen, dass sie in der Lage sind, eine halbwegs richtige Diagnose zu stellen!" Der angesprochene Arzt wird doch nicht im Traum daran denken, darzulegen, wie viele Patienten er schon erfolgreich behandelt hat. Er wird vermutlich den Mann auffordern, ihn seine Arbeit machen zu lassen oder einen anderen Arzt aufzusuchen. Nun kann man sich in der Regel seinen Arzt aber nicht den Lehrer seines Kindes aussuchen, hier hinkt der Vergleich, aber an der Stelle, wo beide Berufsinhaber erwarten können, dass sie respektvoll behandelt werden, stimmt er wieder. Warum sollten Lehrpersonen sich die in den genannten Beispielen beschriebene Respektlosigkeit gefallen lassen, zumal oft von Personen, deren pädagogische Expertise sich darauf beschränkt, selbst einmal Schüler gewesen zu sein. Im Folgenden werden die wesentlichen Aspekte zum Umgang mit unsachlicher Kritik noch einmal zusammengefasst:

**Grundsätzliches**

Eine (un)sachliche Kritik trifft sie an der Stelle am härtesten, an der sie sich bei ihren inneren Dialogen ebenfalls sehr kritisch beurteilen. Bedenken sie, dass „kein Ärger auf der Welt verloren geht". Auch der Ärger, den man runterschluckt, ist nicht einfach verschwunden. Vielmehr kleben sie dafür eine Rabattmarke in ein inneres „Rabattmarkenheft" für unbewältigten Ärger. Irgendwann ist dieses Heft voll und derjenige, der für die letzte Rabattmarke verantwortlich ist, bekommt den ganzen gesammelten Ärger um die Ohren gehauen. Rabattmarken sollten möglichst zeitnah eingelöst werden.

| Bedenken sie, dass „kein Ärger auf der Welt verloren geht". |
|---|

Unsachliche Kritik zeichnet sich oft dadurch aus, dass sie eine brisante Mischung darstellt, die sich zusammensetzt aus einem nachvollziehbaren sachlichen Anliegen, das in dieser Kritik versteckt ist und einem Vorwurf, der kränkt und/oder beleidigt. Wichtiges Ziel eines konstruktiven Umgangs mit Kritik ist nicht zuletzt die Sicherung der eigenen Handlungsfähigkeit und Integrität.

**Tipps zum Gesprächsaufbau und zur Gesprächsdurchführung**
Unsachliche Kritik löst bei der betroffenen Lehrperson mehr oder weniger starke emotionale Reaktionen aus, (Wut, Enttäuschung usw.). Richten sie ihre Aufmerksamkeit und ihr Engagement zunächst auf das „Management" dieser Gefühle. Nutzen sie ihre erlernten Strategien, um sich zu beruhigen (z.B. tief durchatmen). Bitten sie ggf. ihren Gesprächspartner auch wenn sie seine Kritik verstanden haben, dass er seine Kritik noch in eins/zwei weiteren Beispielen erläutern soll. Während er spricht, hören sie nur mit halbem Ohr zu und versuchen sich gleichzeitig wieder etwas zu „sortieren". Denken sie daran, es geht zunächst um die Sicherung ihrer Handlungsfähigkeit. (Stellen sie überzogene Selbstanforderungen, besonders schlagfertig sein zu wollen, oder besonders kompetent sein zu wollen, zurück.) Niemand hat etwas davon, wenn sie nicht richtig handlungsfähig sind.

Richten sie ihre Aufmerksamkeit und ihr Engagement zunächst auf das „Management" dieser Gefühle.

Sprechen sie ihrem Gesprächspartner gegenüber beide Seiten (sachliches Anliegen und Unverschämtheit) der gehörten Kritik an. Beispiel: „Ich höre ihr Anliegen, mit mir über die Klasse X/ ihren Sohn/ ihre Tochter zu sprechen, und das, was und wie sie es sagen, hört sich nach einem Vorwurf an, den sie gegen mich haben! Ist das richtig?"

Bestreitet der Gesprächspartner den Vorwurf, fragen sie noch einmal nach („Sind sie ganz sicher, dass sie keinen Vorwurf gegen mich haben? Wenn sie einen haben, sprechen sie es offen an. Ich bin dankbar, wenn die kritischen Dinge offen angesprochen werden!"). Verneint er nach wie vor die Frage nach dem Vorwurf, wird sich in seinem weiteren Gesprächsverhalten sehr bald zeigen, ob dies auch so ist. Bestätigt ihr Gesprächspartner ihre Vermutung, führen sie seinen Vorwurf auf einen der folgenden Grundvorwürfe zurück, die Lehr- und Schulleitungspersonen gegenüber immer wieder vorgebracht werden

- Sie haben etwas gegen mein Kind/ gegen mich!
- Sie sind als Lehrperson/ Schulleitungsperson nicht wirklich kompetent
- Sie maßen sich eine Autorität an, die Ihnen nicht zusteht.
- Sie sind nicht wahrhaftig. Sie sagen die Unwahrheit.

Ist Ihr Gesprächspartner bereit, mit ihnen über seinen Vorwurf, zu sprechen, dann greifen sie diese Bereitschaft auf. Bleibt er bei den „Unverschämtheiten“, d.h. er bestreitet zwar einen Vorwurf zu haben, „tritt ihnen aber nach wie vor unterm Tisch gegen das Schienbein“, dann beenden sie, wenn eben möglich, das Gespräch an dieser Stelle. Beispiel: „Ich bin nicht bereit, in dieser Art mit mir reden zu lassen. Über ihr sachliches Anliegen können wir später reden!“

Bei der Besprechung der o.g. Vorwürfe nehmen sie für sich in Anspruch, dass sie mit dem Gesprächspartner z.B. zum Wohle eines Schülers zusammenarbeiten wollen. Etablieren sie einen „Kooperationsrahmen“ („Wir beide, Eltern und Lehrperson, wollen etwas Gutes für einen Schüler!“) Reklamieren sie für sich als notwendige Bedingung dieser Kooperation einen Vorschuss an

- Wohlwollen dem betreffenden Kind gegenüber („Ich meine es gut mit Ihrem Kind!“)
- Kompetenz („Ich verstehe meinen Job!“)
- Autorität („Ich stehe zu der Autorität, die mit meiner Rolle verbunden ist!“)
- Wahrhaftigkeit („Ich sage, was ich denke und tue das, was ich will!“)

Ist ihr Gesprächspartner nicht bereit, ihnen einen solchen Vorschuss zu gewähren, dann weisen sie daraufhin, dass unter diesen Umständen Kooperation nicht möglich ist. (Sollte eine Lehrperson nicht bereit sein, auch den Eltern einen entsprechenden Vorschuss zu gewähren, dann verunmöglicht dies ebenso Kooperation. Kein Elternteil wird zur Kooperation bereit sein, wenn ihm vermittelt wird, er sei erziehungsunfähig. Ich kann zwar als Lehrer diesen Eindruck haben, gleichwohl kann Kooperation nur gelingen, wenn ich meinem Gegenüber zunächst einmal unterstelle, dass es in der Lage ist, seine Rolle wahrzunehmen.) Sie bleiben natürlich weiterhin in Ihrer Rolle, allerdings werden so die Chancen, die in einer Zusammenarbeit liegen, nicht genutzt werden können.

Gewährt ihnen ihr Gesprächspartner einen solchen Vorschuss, dann können sie jetzt zur Besprechung des sachlichen Anliegens übergehen.

Kommt es zu einem sachlichen, konstruktiven Gespräch, vergessen sie nicht, am Ende evtl. vorhandene „Rabattmarken" einzulösen. Beispiel: „Ich bin froh, dass wir es geschafft haben, uns in der Sache zu verständigen. Ihr Einstieg in unser Gespräch war für mich sehr schwierig, ich habe mich durch ihre Äußerungen... persönlich herabgesetzt gefühlt. Indem ich es ausspreche, ist die Sache auch für mich erledigt!

Bei unsachlicher Kritik in größeren Gruppen (z.B. bei Elternabenden) reagieren sie nicht spontan im Sinne von Rechtfertigung oder Gegenangriff. Beziehen sie, wenn eben möglich, andere Teilnehmer mit ein. Beispiel: „Bevor ich auf ihren Redebeitrag antworte, interessiert mich, wie die anderen Eltern die Situation in der Klasse einschätzen!"

## 2.4 Exkurs: Beschwerdemanagement: „Bevor man sich auseinandersetzt, sollte man sich erst einmal zusammensetzen!"

Gelegentlich kommt es dann, wenn Konfliktgespräche kein befriedigendes Ende nehmen, zu Beschwerden. Im Folgenden wird von dem häufig vorkommenden Fall einer Elternbeschwerde gegen eine Lehrperson ausgegangen. Ist es nicht gelungen, einen Konflikt auf der Ebene zu klären, wo er entstanden ist, dann wenden sich Eltern in der Regel an die Schulleitung oder die Schulaufsichtsbehörde. Manche Eltern suchen erst gar nicht das Gespräch mit den betroffenen Lehrpersonen, sondern wenden sich direkt an die Leitung. Kommt eine Beschwerde dort an, tut sich mitunter ein „vermintes Gelände" auf. Gerade, wenn die Emotionen in einem unbefriedigenden Konfliktgespräch zwischen Eltern und Lehrperson schon „hochgekocht" sind, geraten Schulleitungspersonen in ein Spannungsfeld gegensätzlicher Erwartungen: Die Eltern erwarten in der Regel, dass die Leitung sich auf ihre Seite stellt und die betroffene Lehrperson zu einer Verhaltensänderung bewegt. Die betroffene Lehrperson erwartet die Rückendeckung der Leitung und die Zurückweisung der Beschwerde. Andere Kollegen beobachten das Geschehen sehr genau, weil sie wissen, dass sie ebenfalls in eine solche Situation kommen können. In dieser oft emotional aufgeladenen Situation ist es sehr hilfreich, wenn es in der Schule ein verabredetes Beschwerdemanagement gibt, in dem Verfahrensweisen festgelegt werden, die für alle Beteiligten transparent und verbindlich sind. Natürlich ist jeder Fall anders, gleichwohl kann ein Beschwerdemanagement Verhaltenssicherheit geben und seelische Verletzungen vermeiden helfen. Wie könnte ein solches Beschwerdemanagement in seinen Grundzügen aussehen? Zunächst zur Bedeutung des Begriffes Beschwerde: Unter einer Beschwerde soll hier die Beanstandung eines bestimmten Verhaltens verstanden werden. Jeder gute Verkäufer lernt, dass die sachgerechte Behandlung einer Kundenbeschwerde die Gelegenheit ist, die Bindung eines Kunden an ein Geschäft zu fördern. Er lernt, dass ca. 90% aller Kundenbeschwerden im Einzelhandel zumindest teilberechtigt sind, es also völlig kontraproduktiv ist, Beschwerdeführer abzuwimmeln, ihre kritischen Rückmeldungen zu ignorieren oder abzuwehren. Nun sind Schulen keine Einzelhandelsgeschäfte und vermutlich stimmt hier auch der genannte hohe Grad der Berechtigung von Beschwerden nicht. Gleichwohl überzeugt der Gedanke, durch den angemessenen Umgang mit Beschwerden die Bindungen der kritischen Eltern an die Schule zu stärken. Nicht nur im Einzelhandel, auch in Schulen hat die vorschnelle Zurückweisung, die Abwehr und das Ignorieren von Beschwerden sehr ungute Auswirkungen.

Grundsätzliches zum Umgang mit Beschwerden: Ziel jedes Beschwerdemanagements ist die Klärung des monierten Sachverhalts und die Verbesserung oder Ermöglichung der weiteren Zusammenarbeit zwischen den beteiligten Personen.

In emotional aufgeladenen Situationen ist es sehr hilfreich, wenn es in der Schule ein verabredetes Beschwerdemanagement gibt, in dem Verfahrensweisen festgelegt werden, die für alle Beteiligten transparent und verbindlich sind.

Jede begründete Beschwerde sollte ernst genommen werden. Dies gilt nicht für anonyme Beschwerden. Sollten Eltern eine Beschwerde gegen eine Lehrkraft bei der Schulleitung vorbringen, aber nicht bereit sein, sie auch der Lehrkraft gegenüberüber zu vertreten („Wir haben Angst, dass unser Kind Nachteile erfährt!"), sollte die Schulleitung diesen Eltern Unterstützung anbieten und gewähren. Bleiben die Eltern weiterhin bei ihrem Vorbehalt bezüglich der direkten Auseinandersetzung mit der Lehrkraft, kann diese Beschwerde nicht weiterverfolgt werden.

Grundsätzlich sollten Konflikte immer zunächst auf der Ebene bearbeitet werden, auf der sie entstanden sind. Bevor die Schulleitung eingreift, sollte zunächst versucht werden, vermittelnde Personen (z.B. Beratungslehrer) einzuschalten. Bevor diese aktiv werden, sollten sie sich einen übereinstimmenden Auftrag von den Konfliktbeteiligten einholen. Ohne diesen Auftrag besteht die Gefahr, dass sie im Konflikt trianguliert (=der Konflikt wird auf sie umgeleitet) werden.

Sollte auf der Ebene keine Verständigung möglich sein, sollte die nächste hierarchische Ebene eingeschaltet werden. Dies sollte immer auch dann geschehen, wenn schwerwiegende Vorwürfe im Raum stehen (Dienstvergehen, strafbare Handlungen).

Grundsätzlich sollten Konflikte immer zunächst auf der Ebene bearbeitet werden, auf der sie entstanden sind.

Bei Gesprächen mit Eltern sollte darauf geachtet werden, die Zahl der von der Schule beteiligten Personen zu begrenzen, damit kein großes Missverhältnis entsteht. Es sollte das Prinzip der Schriftlichkeit gelten. Gerade mit Blick auf Transparenz empfiehlt es sich, möglichst alle Schritte schriftlich zu dokumentieren. Ein im Kollegium und mit der Elternpflegschaft abgestimmtes Beschwerdemanagement soll für alle Mitglieder der Schulgemeinde Transparenz über die Verfahrensweisen schaffen.

**Verfahrensvorschläge:**

| Eine (telefonische) Beschwerde kommt direkt von den Eltern oder vermittelt über die Schulaufsicht bei der Schulleitung an. Von diesem Gespräch fertigt die Schulleitung ein Protokoll an und informiert die Eltern darüber, dass dieses Protokoll der betreffenden Lehrperson ausgehändigt wird. Die Schulleitung fordert die Eltern auf, falls noch nicht geschehen, mit der Lehrperson ein klärendes Gespräch zu führen. Die Schulleitung legt eine Frist fest, bis zu der der nächste Schritt erfolgen wird. Die Schulleitung informiert die Lehrperson anhand ihres Protokolls über die Beschwerde. |
|---|

| Die Eltern sind bereit, ggf. mit einem Vermittler mit der Lehrperson zu sprechen. Gelingt eine Klärung, erfolgt eine Rückmeldung an die Schulleitung. Gelingt keine Klärung, erfolgt ebenso eine Rückmeldung an die Schulleitung mit der Information, worüber genau keine Verständigung möglich war. | Die Eltern sind nicht bereit, alleine mit der Lehrperson zu sprechen, sondern nur in Anwesenheit der Schulleitung. Dann sollte die Schulleitung zunächst alleine mit der Lehrperson sprechen und dieser Gelegenheit geben, zur Beschwerde Stellung zu nehmen. Ergebnis dieses Gespräches sollte sein:<br>- Die Beschwerde soll als unbegründet zurückgewiesen werden oder<br>- die Beschwerde ist berech tigt und dies soll ggf. mit einer Entschuldigung den Eltern von der Lehrperson mitgeteilt werden oder<br>- die Beschwerde ist teilweise berechtigt. Genaueres wird den Eltern von der Lehrperson mitgeteilt. | Die Eltern wollen ausschließlich mit der Schulleitung sprechen. Die Schulleitung verweist dann darauf, dass eine einvernehmliche Klärung und eine Verbesserung der Kooperation so nicht möglich ist. Den Eltern bleibt ein Dienstaufsichtsverfahren. |
|---|---|---|

Gespräch: Eltern - Schulleitung - Lehrperson: Zunächst schlägt die Schulleitung die geplante Struktur des anstehenden Gespräches vor und holt sich die Zustimmung aller Beteiligten, dann werden die Eltern gebeten, ihre Beschwerde noch einmal vorzutragen. Die Lehrperson nimmt, wie mit der Schulleitung abgesprochen Stellung (s.o.), erläutert die Motive ihres Handelns und weist die Beschwerde ggf. zurück oder räumt ggf. Fehler ein. Sollten in der Stellungnahme der Eltern neue Aspekte deutlich werden, sollten diese selbstverständlich Berücksichtigung finden. In diesem Gespräch beschränkt sich die Rolle der Schulleitung in erster Linie auf die Gesprächsleitung. Sollten von Seiten der Eltern unsachliche Vorwürfe erhoben werden, sollte die Schulleitung diese Vorwürfe, wie in Kapitel 2.3 vorgeschlagen, behandeln.

**Merksatz: Wer Vorwürfe macht, dessen Erwartungen und Wünsche sind zuvor nicht berücksichtigt bzw. erfüllt worden. Es lohnt sich, mehr über diese Erwartungen und Wünsche zu sprechen und weniger über die Vorwürfe.**

Diese Verfahrensvorschläge müssen ggf. dem Einzelfall angepasst werden. Sie sollen vor allem dazu dienen, eine Orientierung in dem oben erwähnten „verminten Gelände" zu bieten.

Selbstverständlich verdienen auch die Beschwerden von Schülern gegen Lehrpersonen und die Beschwerden von Lehrpersonen gegen andere Lehrpersonen und die gegen die Schulleitung und das nichtpädagogische Personal einer besonderen Beachtung und gesonderte Verfahrenswege, die allerdings an dieser Stelle nicht ausgeführt werden können.

## 2.5 Das Klärungsgespräch: „Ich suche nach dem Kontext, in dem dein Verhalten Sinn macht!"

Manche Konfliktgespräche, die Lehrpersonen mit Schülern führen müssen, werden zu „never ending stories". Trotz aller Bemühungen ändern Schüler ihr auffälliges Verhalten nicht und deshalb kommt es immer wieder zu Auseinandersetzungen mit Lehrpersonen. Die Alltagserfahrungen zeigen, dass in solchen Situationen das Verhalten von Lehrpersonen maßgeblich von Emotionen beeinflusst wird: Ärger, darüber dass ein Schüler sich „wieder einmal" nicht an die Regeln gehalten hat; Sorge, dass die anderen Schüler sich

„anstecken" lassen; Angst davor, den „Machtkampf" mit dem Schüler zu „verlieren" usw.. Gleichwohl können Lehrpersonen auch in solchen emotional belastenden Situationen sich nicht nicht an ihren eigenen Theorien und Konzepten orientieren. Mit diesen Theorien wird versucht zu erklären, welche Ursachen das Verhalten von „renitenten" Schülern hat und wie am besten mit ihnen umzugehen ist. W.Palmowski unterscheidet bei diesen Erklärungsmodellen zwischen personenbezogenen und kontextbezogenen Sichtweisen.

**Personenbezogene Sichtweisen** sehen die Ursachen für bestimmte Verhaltensweisen von Schülern immer in ihrer Person. Dabei spielen u.a. drei Thesen eine wichtige Rolle:

- Der Schüler will sich mit seinem Verhalten in den Mittelpunkt stellen Er hat ein übersteigertes Selbstbewusstsein.
- Der Schüler hat nicht gelernt, sich an Regeln zu halten.
- Der Schüler ist verwöhnt. Er glaubt, alle seine Wünsche müssten sofort erfüllt werden.

Wenn die Ursachen des Schülerverhaltens in seiner Person liegen, muss in Auseinandersetzungen versucht werden, diese Person zu ändern. So wird man zunächst versuchen, den Schüler davon zu überzeugen, dass sein Verhalten nicht akzeptabel ist. Gelingt dies nicht, bietet man ihm Belohnungen für Verhaltensänderungen an, führt auch dies nicht zum Erfolg, wird er bestraft. Dann werden die Strafen härter. Es werden externe psychologische Fachleute einbezogen. Führt auch das nicht weiter, ist die nächste Station die Kinder- und Jugendpsychiatrie. Bleibt eine stationäre Behandlung ebenfalls ohne Erfolg, dann wird ein Schüler „ausgeschult". Schließlich gelangt man zu der Einschätzung, dass der Schüler entweder dumm, bösartig oder gestört ist.

**Kontextbezogene Sichtweisen** sehen das Verhalten von Menschen in Bezug zu ihrem Kontext. Erst durch diesen Kontext bekommt Verhalten einen Sinn.

Zur Verdeutlichung dieser These eine kleine Geschichte, die wohl sinngemäß auf Fritz Simon zurückgeht: Ein Außerirdischer besucht zum ersten Mal die Erde. Er hat die Möglichkeit, ein Fußballspiel zu sehen. Er befindet sich dazu in der „Arena" auf „Schalke" und sieht das Spiel: Schalke 04 gegen Bayern München. Die Schalker spielen in blauen Hosen und Trikots und die Bayern in roten. Weil der Außerirdische aber aufgrund der Physiologie seiner Augen nicht die Farben Blau und Rot sehen kann, sieht er nur den schwarzgekleideten Schiedsrichter, seine beiden ebenfalls schwarzgekleideten Linienrichter und den grünen Rasen. Er sieht den Schiedsrichter auf dem grünen Rasen hin und her laufen. Er sieht ihn gestikulieren, gelegentlich gelbe Karten hochhalten und hört ihn hin und wieder pfeifen. Er sieht die beiden Linienrichter an den Außenlinien auf und ab laufen und gelegentlich eine Fahne hochhalten. Er wird sich fragen, warum die drei Männer sich so eigenartig verhalten und er wird möglicherweise denken, sie müssen „gestört" sein. Wenn er tiefenpsychologisch geschult ist, wird er an eine frühe narzisstische Störung denken und Mitgefühl mit den drei Männern empfinden. Er wird sich fragen, wozu sie hier im Stadion ihre Störung ausagieren und nicht bei einem Psychotherapeuten sind. Angenommen, man könnte diesem Außerirdischen eine Brille zur Verfügung stellen, mit der er die Farben Blau und Rot sehen könnte, dann würde er die blauen Schalker und die roten Bayern wahrnehmen und er würde allmählich erkennen, dass das Verhalten des Schieds- und der Linienrichter mit dem Verhalten der beiden Mannschaften zusammenhängt. Er würde nach einiger Zeit die Regeln des Spiels erkennen und dann ausrufen: „Jetzt verstehe ich das Verhalten des Schiedsrichters und seiner Assistenten. Das Ganze ist ein Mannschaftsspiel!" So wie der Außerirdische zunächst den Schiedsrichter wahrnimmt, so nehmen Lehrpersonen „schwierige" Schüler wahr: „Die müssen gestört sein!" Würden sie die Mannschaften sehen, die auch noch auf dem „Platz" sind: die Eltern, die Geschwister, die Peergruppe usw. und die Regeln des Spiels verstehen, dann würden sie ebenfalls ausrufen:" Jetzt verstehe ich, das Ganze ist ein Mannschaftsspiel!"

Erst in einem bestimmten Kontext macht ein bestimmtes Verhalten Sinn. Kontextbezogenes Denken unterstellt, dass menschliches Verhalten für den, der es zeigt, immer Sinn macht bzw. zielorientiert ist - auch wenn es zunächst nicht so aussieht.

Keine der beiden Sichtweisen, personenbezogen oder kontextbezogen, ist per se besser, wahrer oder richtiger. Die entscheidende Frage ist vielmehr, welche Sichtweise ist nützlicher, weil sie die Möglichkeiten der Lehrpersonen erweitert.

In einem Klärungsgespräch geht es darum, der Frage nachzugehen, wozu manche Schüler so konsequent an bestimmten Verhaltensweisen festhalten, obwohl sie dafür einen hohen Preis zahlen. Aus kontextbezogener Sicht müsste für sie der Preis, den es hätte, das eigene Verhalten zu ändern, noch höher sein.

**1. Beispiel:** Ein Gespräch aus einem Berufskolleg: Kevin ein 17jähriger Schüler fällt dadurch auf, dass er sich weigert, seine Kappe im Unterricht abzusetzen, obwohl die Schulregeln dies verlangen. Seit Beginn des Schuljahres musste er sehr viele Konfliktgespräche dazu mit verschiedenen Lehrpersonen unter anderem auch mit seinem Klassenlehrer Herrn X. führen. In all diesen Gesprächen hat er sich geweigert, trotz der Androhung von Strafen, seine Kappe abzusetzen. Herr X. ist es leid, immer wieder die gleiche „Schallplatte" auflegen zu müssen. Er will versuchen, im Gespräch mit Kevin herauszufinden, in welchem „Film" er unterwegs ist, d.h. in welchem Kontext Kevins Verhalten Sinn macht. Herr X. bittet Kevin um ein Gespräch von etwa 30 Minuten außerhalb des Unterrichts. Herr X.: „Kevin, danke, dass sie sich bereit erklärt haben, mit mir zu reden. Bevor ich ihnen sage, worum es geht, möchte ich gerne, dass sie dieses Gespräch auf freiwilliger Basis führen. D.h. sie können jederzeit aufstehen und gehen und ich verspreche ihnen, dass das keine Nachteile für sie hätte. Nehmen sie mir das ab, wenn ich ihnen das verspreche?" Kevin: „Wenn ich gehen kann, dann bleibe ich erstmal!"

*Kommentar: Für ein Klärungsgespräch ist die freiwillige Teilnahme essentiell. Würde der Schüler, wie bei Gesprächen mit Lehrpersonen üblich, sich verpflichtet fühlen zu bleiben, würde das Gespräch sehr wahrscheinlich bald zu einer Neuauflage der schon mehrfach geführten Konfliktgespräche werden. Ohne Freiwilligkeit wird Herr X. nicht die Antworten bekommen, die ihn in seinem Anliegen weiterbringen.*

Herr X.: „Wegen ihrer Kappe haben wir in der Vergangenheit einige, ich denke für uns beide unangenehme, Gespräche geführt. Kevin: „Das ist mir doch egal!" Herr X.: „Mir nicht, mich belastet das. Tatsächlich bin ich nämlich froh, dass sie in meiner Klasse sind; und ich möchte zu ihnen eine gute und unbelastete Beziehung haben. Das wird für mich immer schwieriger, je mehr wir solche Gespräche führen!" Kevin: „Dann lassen sie mich doch meine Kappe aufbehalten, dann brauchen wir auch solche Gespräche nicht mehr zu führen!" Herr X.: „Sie kennen doch die Schulregeln. Ich stehe als Lehrer dieser Schule hinter diesen Regeln und will dafür sorgen, dass sie eingehalten werden. Bitte, lassen sie uns nicht über die Sinnhaftigkeit der Schulregel diskutieren. Mir geht es hier und jetzt um etwas anderes. Solange sie in dieser Klasse sind, gibt es Auseinandersetzungen wegen ihrer Kappe. Trotz aller Bemühungen, sie zum Absetzen der Kappe im Unterricht zu bewegen, halten sie an der Kappe auf ihrem Kopf fest. Ich sehe auch, dass sie dafür einen richtig hohen Preis bezahlen. Nicht nur die Gespräche mit mir und meinen Kollegen, sie mussten schon zur Schulleitung, ihre Eltern haben schon einen Brief bekommen und auch ihr Ausbilder im Betrieb weiß Bescheid!"

*Kommentar: Der Lehrer artikuliert hier ein eigenes Interesse (= gute Beziehung zu Kevin) an dem Gespräch. - Das sollte er „im richtigen Leben" allerdings nur dann tun, wenn dem auch so ist. Ist dem nicht so, könnte der Lehrer u.U. daraufhin weisen, dass durch die vielen Auseinandersetzungen Vorbehalte gewachsen sind, er dies aber nicht mehr möchte. Ist auch dem nicht so, sollte der Lehrer kein Klärungsgespräch führen. - Er unterstellt Kevin bei seinem Verhalten eine positive Absicht und er betont, dass er den hohen Preis sieht, den der Schüler zu zahlen bereit ist. Er interpretiert Kevins Verhalten als Ausdruck einer Werthaltung.*

Kevin: „Ist mir doch egal!" Herr X.: „Nun sind sie ja nicht dumm, sie machen das doch nicht, weil sie ein Masochist sind. Mit der Kappe auf dem Kopf muss es ihnen doch um etwas gehen, was diesen Preis wert ist. Ich würde gerne verstehen, was ist das, was ihnen so viel wert ist?" Kevin: „Weiß ich auch nicht. Die Kappe gehört zu mir, die setze ich nie ab!" Herr X.: „Beim Duschen oder im Bett werden sie sie doch hoffentlich absetzen. Mal angenommen, sie würden sie jetzt absetzen, was würde ihnen fehlen?" Kevin: „Die gehört einfach zu mir. Andere Schüler haben Piercings oder einen Irokesenschnitt und die Mädchen stecken sich alles Mögliche ins Haar!" Herr X.: „Sie sagen, die Kappe gehört zu ihnen. Nun weiß ich, dass die meisten Menschen das Bedürfnis haben, nicht als Kopie von irgendjemandem durch die Gegend zu laufen, sondern ein Original sein möchte. Gilt das auch für sie?" Kevin: „Klar!" Herr X.: „Ist ihre Kappe ihr Ausdruck dafür, dass sie ein Original sind?" Kevin: „Vielleicht!" Herr X.: „Ich möchte sehr gerne, dass alle meine Schüler Originale sind. Deshalb würde ich sie gerne darin unterstützen, eines zu sein. Können sie sich vorstellen, dieses sehr akzeptable Bedürfnis anders auszudrücken, als durch eine Kappe, die während des Unterrichts auf ihrem Kopf sitzt?" Kevin: „Und wie?"

*Kommentar: Auch wenn Kevin immer wieder in „den Schützengraben der gewohnten Auseinandersetzung" möchte, bleibt Herr X. konsequent dabei, Kevin eine positive Absicht zu unterstellen. Bei der Frage, welche Absicht dies sein könnte, bringt Herr X. ein Grundbedürfnis jedes Menschen ins Gespräch: In seiner Individualität gesehen und anerkannt zu werden. - Ein zweites Grundbedürfnis, das hier oft eine Rolle spielt, ist es, dazu zu gehören. D.h. anerkanntes Mitglied einer menschlichen Gemeinschaft (Familie, Peergruppe, Klasse o.ä.) zu sein. Kevin geht vorsichtig auf das Angebot, ein Original sein zu wollen, ein. Der Lehrer bewertet diesen Wunsch positiv und fragt nach alternativen Möglichkeiten, diesen zu realisieren.*

Herr X.: „Diese Frage können nur sie beantworten. Gibt es denn in ihrem Umfeld jemanden, der für sie ein echtes Original ist, ohne Kappe auf dem Kopf?" Kevin: „Das sind hauptsächlich ältere Leute!" Herr X.: „Wie ist das denn in ihrer Klasse. Gibt es da jemanden?" Kevin: „Nein, da bin ich der Einzige!" Herr X: „Kann es sein, dass ihre Klassenkameraden es bedauern würden, wenn sie kein Original mehr wären (= die Kappe absetzen würden)?" Kevin: „Kann schon sein. Einige finden das mit der Kappe nämlich cool!" Herr X.: „Das ist ja noch ein Grund mehr, die Kappe auf zu behalten. Ich würde unser Gespräch gerne in der nächsten Woche fortsetzen. Was halten sie davon?" Kevin: „Okay!" Herr X.: „Können sie sich vorstellen, dass wir beide uns bis dahin Gedanken machen, wie es gehen könnte, ohne Kappe ein Original zu sein. Vielleicht, dass wir beide einmal schauen, wer in unserem Bekannten- oder Freundeskreis ein Original ist und was ihn oder sie auszeichnet. Dann tauschen wir uns nächste Woche dazu aus?" Kevin: „Ich kann es versuchen!" Herr X.: „Prima, dann danke ich ihnen für das offene Gespräch. Ich habe jetzt vielmehr verstanden, worum es ihnen geht. Wollen sie noch was sagen?" Kevin: „Kann ich die Kappe jetzt im Unterricht aufbehalten?" Herr X.: „Was denken sie, wie ich diese Frage beantworten werde?" Kevin: „Ja ich weiß schon, natürlich nicht!" Herr X.: „Richtig, auch nach unserem guten Gespräch bleibe ich ja Lehrer dieser Schule!" Kevin: „Okay!"

*Kommentar: Positiv ist, dass Kevin sich unter der Überschrift „ein Original sein" auf das Gespräch einlässt. Wichtig auch von Seiten des Lehrers klarzustellen, dass sich auch nach dem Gespräch an den Regeln nichts geändert hat. Um Kevin mit der Aufforderung, sich eine Alternative zur Kappe auszudenken, nicht unter Druck zu setzen, schlägt der Lehrer ein neues Gespräch vor. Sollte Kevin etwas einfallen, wäre es wichtig, genau zu prüfen, ob die gefundene Alternative sowohl seinem Bedürfnis ein Original zu sein als auch seiner besonderen Position in der Klasse gerecht wird.*

Die Umdeutung (= Reframing) des Schülerverhaltens als Ausdruck einer Werthaltung ermöglicht es in diesem Beispiel der Lehrperson jenseits der „alten Schützengräben" mit dem Schüler neu in Kontakt zu kommen. Reframing als Methode bedeutet eine „schwierige" Verhaltensweise in einen anderen Rahmen zu setzen. Das fällt mitunter schwer, weil man als betroffene Lehrperson ggf. auch verärgert oder gar wütend über das „renitente" Verhalten mancher Schüler ist. Reframing ist nicht nur Methode, sondern es ist auch eine Haltung. Diese Haltung drückt die Überzeugung aus, dass Menschen in der Regel nicht aus Dummheit, Bösartigkeit oder Ignoranz handeln, sondern dass sie subjektiv immer gute Gründe haben, sich so zu verhalten. Bezogen auf den inneren Kontext können sie gar nicht anders handeln, ohne mit sich in Konflikt zu geraten. Diesen inneren Kontext des Anderen auch des Konfliktpartners verstehen und anerkennen zu wollen, meint Reframing als Haltung. Wie beschrieben, unterstellt Reframing als Haltung zwei menschliche Grundbedürfnisse: Autonomie und Bezogenheit. Helm

Stierlin beschreibt in seinem Konzept der „bezogenen Individuation" den für die Entwicklung des Individuums notwendigen Erfahrungsprozess, diese beiden Motive gleichzeitig zu leben, ohne eines von beiden auszublenden. Am Beispiel von Kevin und seiner Kappe wird deutlich, dass er in seinem Bedürfnis nach Autonomie sich überabgrenzt („Ich bin auf keinen angewiesen") und seine Bezogenheit und Abhängigkeit von den Anderen (Mitschüler, Lehrer, Schule) weitgehend ausblendet. Kevins Lehrer unterstellt ihm bei seinem Reframing, dass er grundsätzlich die Fähigkeit hat, beiden Grundmotiven zu folgen. Helm Stierlin hat diese „Unterstellung" in einem Text in der Ich-Form ausgeführt:

**Bezogene Individuation** (H. Stierlin)

1. Ich vermag mich als Individuum von anderen Individuen abzugrenzen. Das heißt: Ich erlebe meine Bedürfnisse, meine Gefühle, meine Fantasien, meine Ideen, meine Träume, meine Erwartungen, meinen Körper, als mir zugehörig und unterschieden von den Bedürfnissen, Gefühlen, Fantasien, Ideen, Träumen, Körper Anderer, insbesondere für mich wichtiger Anderer wie meine Familienangehörigen, Partner und Freunde.
2. Ich erlebe mich als Subjekt, das zur Intersubjektivität mit anderen Menschen bereit und fähig ist, das daher sowohl Bedeutungen vermitteln als auch solche von anderen aufzunehmen vermag.
3. Im Rahmen solcher Intersubjektivität erlebe ich mich als jemanden, der eigene Ziele und Werte definieren und, falls nötig, auch gegen wichtige Andere durchzusetzen weiß und sich dazu berechtigt fühlt.
4. Ich erlebe mich als Zentrum eigener Initiative und Täterschaft, erlebe mich als lebendiges Kraftzentrum, erlebe mich als Autor meiner Geschichte, erlebe mich als autonom und frei, aber auch verantwortlich, für das, was ich denke, tue, anrichte, verfasse. Das schließt unter Umständen auch Verantwortung für von mir gezeigte Symptome ein.

Akzeptiere ich dieses Menschenbild nicht nur für mich, sondern gestehe und mute ich es auch anderen Menschen zu, dann anerkenne ich, dass Menschen, indem sie sich verhalten, Entscheidungen treffen und dafür auch altersgemäß verantwortlich sind.

Da die meisten Lehrpersonen, wie auch die meisten Menschen in unserem Kulturkreis, von frühester Kindheit an gelernt haben, sich in dem personenbezogenen Paradigma zu orientieren, neigen wir dazu, Bewertungen, auch Abwertungen, vorzunehmen und wenn sich ein Mensch nach unserer Wertung falsch verhält, dann erwarten wir, dass er sich ändert. Wir gehen dabei davon aus, dass unser innerer Bezugsrahmen der „objektiv" richtige ist. Das Reframing „schwierigen" Schülerverhaltens kann nur dann erfolgreich in einem Klärungsgespräch mit Schülern genutzt werden, wenn die Umdeutung seines Verhaltens für den Schüler wertschätzend und attraktiv ist.
Beispiel: Hätte Herr X. Kevins Verhalten als sein Bemühen gedeutet, im Mittelpunkt stehen zu wollen, dann hätte Kevin dies sicher nicht attraktiv gefunden und sich dagegen gewehrt. Da das Reframen so ungewohnt ist, braucht es etwas Übung darin. Hilfreich dabei ist es zu bedenken, dass nach übereinstimmender Meinung aller psychologischen Schulen, wie oben bereits erwähnt, Menschen zwei Grundbedürfnisse haben:

- das Bedürfnis als einzigartiges Individuum gesehen und anerkannt zu werden (So lässt sich die Nichtanerkennung von Regeln durch Schüler auch als Versuch, diesem Bedürfnis nachzugehen deuten.) und
- das Bedürfnis ein geachtetes Mitglied einer menschlichen Gemeinschaft zu sein. (So lässt sich aggressives mitunter auch gewalttätiges Verhalten von Schülern ihren Klassenkameraden gegenüber als erfolgloser Versuch deuten, sich in der Klassengemeinschaft einen guten Platz zu sichern.)

Gegen diese Sichtweise wird oft eingewandt, dass so jedes noch so „schwierige" Schülerverhalten durch Reframing entschuldigt werden könne und damit alles erlaubt werden müsse. Dazu ist zu sagen, dass es eine Sache ist zu verstehen, aus welchem inneren Kontext ein Schüler handelt und es eine andere Sache ist, dieses Verhalten hinzunehmen. Selbstverständlich bleibt es, wie im 1. Beispiel beschrieben, für Herrn X. völlig inakzeptabel, dass Kevin gegen die Schulregeln verstößt, auch wenn er verstanden hat, worum es Kevin „eigentlich" geht.

Ein zweiter Einwand ist der, dass es wenig Sinn macht, hinter jedem kleinen Verstoß gegen Regeln (gelegentliches Zuspätkommen, Hausaufgaben vergessen o.ä.) eine wertzuschätzende Absicht zu vermuten. Dem muss man zustimmen.

Selbstverständlich gibt es neben wertzuschätzenden Motiven für Schülerverhalten noch so etwas wie Bequemlichkeit oder Nachlässigkeit. Die Herausforderung liegt darin, das Eine von dem Anderen zu unterscheiden. Zeigt sich „schwieriges" Verhalten über längere Zeiträume und ist der „Preis" hoch, den ein Schüler bereit ist dafür zu zahlen, umso eher lohnt es sich, danach zu fragen, in welchem Kontext dieses Verhalten Sinn machen könnte. ( Eine Kursteilnehmerin berichtete davon, dass sie ihrem Partner von der kontextbezogenen Sichtweise erzählt habe, worauf der beim nächsten Streit angesichts eines von ihm kritisierten Verhaltens seiner Frau - streng kontextbezogen - sagte: „Ich suche noch nach dem Kontext, in dem dein Verhalten Sinn macht!")

In dem folgenden Schaubild wird versucht, das Vorgehen bei einem Reframing in der Schule zu erläutern:

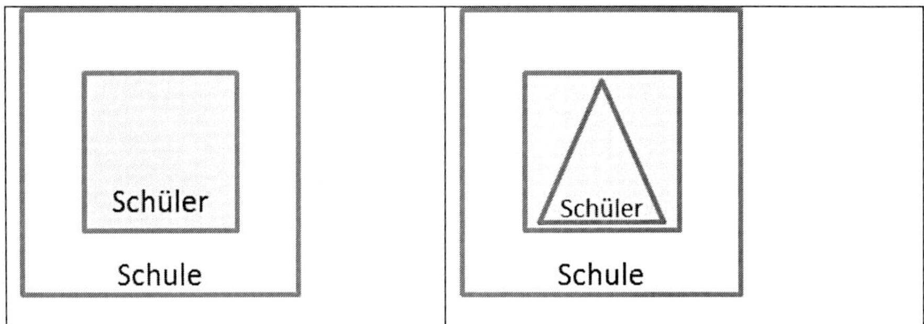


| | |
|---|---|
| Als Lehrperson erwartet man, dass sich ein Schüler gemäß des Kontextes Schule verhält (Hausgaben macht, regelmäßig zur Schule kommt usw.). So wie das kleine Quadrat ins große Quadrat passt. | Es gibt jedoch immer wieder Schüler, die verhalten sich wie ein Dreieck im großen Quadrat, d.h. nicht dem Kontext gemäß. Üblicherweise versucht man das kleine Dreieck durch erzieherische Maßnahmen wieder auf das quadratische Format zu bringen. Manche Schüler halten trotz dieser Versuche daran fest, ein kleines Dreieck zu bleiben |

| 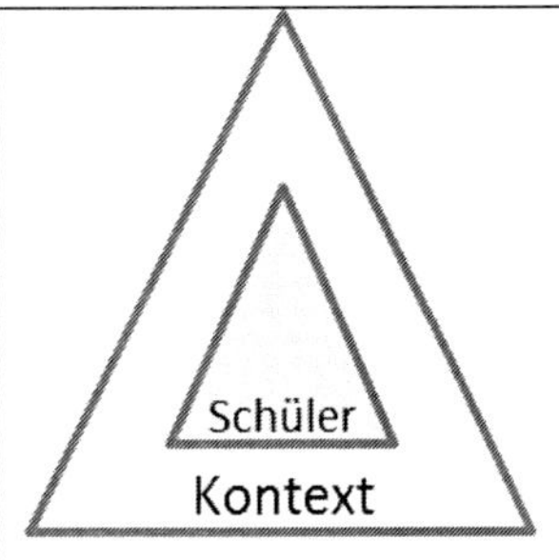 | 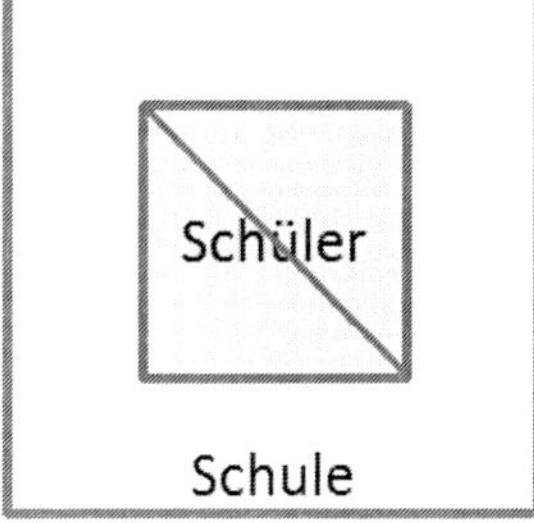 |
|---|---|
| In ihrer Welt muss es somit ein großes Dreieck geben. D.h. gemäß ihrem inneren Kontext können sie sich gar nicht anders verhalten. Leider ist betroffenen Lehrpersonen in der Regel nicht bekannt, was das große Dreieck bedeutet. | Auch wenn eine Lehrperson in einem Gespräch verstanden hat, was das große Dreieck bedeutet, kann sie ihren Kontext (großes Quadrat) ja nicht aufgeben. Reframing bedeutet nun, die verstandene positive Absicht im inneren Kontext des Schülers (verkleinertes Dreieck) mit dem Verhalten des Schülers (kleines Dreieck) zu einem Quadrat zusammen zu fügen. Dann passt die Form wieder. |

Klärungsgespräche können nicht nur hilfreich sein, um aus einer langanhaltenden Konfliktsituation heraus zu kommen, sind können auch helfen, unverstandene Verhaltensweisen von Schüler zu verstehen. Dazu das folgende Beispiel:

**2. Beispiel:**

Lena, 19 Jahre, Schülerin an einer Fachschule für Sozialpädagogik fällt dadurch auf, dass sie sich in den letzten zwei Monaten innerhalb der Schule zunehmend zurückgezogen hat. Anfang dieses Jahres war sie drei Wochen krank. Seitdem hatte sich die Problematik verstärkt. Sie beteiligt sich kaum noch am Unterricht. Lediglich, wenn sie angesprochen wird, leistet sie knappe sachbezogene durchaus richtige Beiträge. Insbesondere Lenas Klassenlehrerin, Frau Z., bemüht sich um Kontakt mit ihr. Leider ohne großen Erfolg. Lena beantwortet Hilfsangebote mit Sätzen wie:" Sie können mir auch nicht helfen!" Frau Z. hat Lena nun um ein ca. 30 - minütiges Gespräch außerhalb der Unterrichtszeit gebeten, weil sie gerne verstehen möchte, was Lena veranlasst, sich zurückzuziehen. Frau Z.: „Lena, danke, dass sie sich zu diesem Gespräch bereitgefunden haben. Bevor ich ihnen sage, worum es geht, möchte ich gerne, dass wir dieses Gespräch auf freiwilliger Basis führen. D.h., sie sagen nur das, was sie sagen wollen und sie können dieses Gespräch jederzeit beenden, aus welchen Gründen auch immer, und ich verspreche ihnen, dass dies für sie keine Nachteile hat. Wenn ich das so sage, nehmen sie mir das dann ab?" Lena: „Ja, das glaube ich ihnen!" Frau Z.: „Das ist schön. Wir beide haben verschiedene Gespräche geführt, in denen ich sie gerne veranlassen wollte, sich im Interesse ihrer Noten in mündlicher Mitarbeit mehr am Unterricht zu beteiligten. Ich weiß, dass andere Kollegen dies auch versucht haben. Dieses Gespräch soll nun keine Neuauflage der vergangenen Gespräche sein. Zunächst noch eine Frage zu meiner Vergewisserung: Würden sie dem zustimmen, wenn ich sage, dass sie sich seit ihrer Erkrankung Anfang des Jahres in der Klasse und auch im Unterricht zunehmend zurückgezogen haben?" Lena: „Ja, das stimmt!" Frau Z.: „Ich möchte, dass sie wissen, dass ich sehr froh bin, sie in meiner Klasse zu haben. Sie können eine richtig gute Erzieherin werden. Ich hätte sehr gerne mehr Resonanz in unserem Kontakt.

*Kommentar: Frau Z. bietet Freiwilligkeit im Gespräch an. Sie betont die Besonderheit des begonnenen Gesprächs. Sie formuliert ein eigenes Interesse an dem Gespräch. Sie verzichtet darauf, Lena zu unterstellen, dass sie auch ein Interesse an diesem Gespräch habe müsse.*

Lena: „Ich weiß nicht. Das kann sowieso keiner verstehen!" Frau Z.: „Dass sie sich so weit zurück gezogen haben, dass sie in Kauf nehmen, wenig Kontakte mit ihren Mitschülern zu haben und dass ihre Note in mündlicher Mitarbeit sich verschlechtert, all dies machen sie doch nicht, und davon bin ich überzeugt, aus Faulheit oder Ignoranz, sondern sie werden gute Gründe dafür haben. Ich würde gerne, natürlich nur soweit sie es wollen, verstehen, wozu sie sich soweit zurückziehen!" Lena: „Das kann sowieso keiner verstehen!" Frau Z.: „Lena, sind sie bereit, etwas davon zu erzählen, was Anfang des Jahres, als sie drei Wochen nicht in der Schule waren, passiert ist? Sie wissen ja, ich freue mich, wenn sie mir dazu etwas sagen, aber ich respektiere auch, wenn sie nichts dazu sagen wollen!" Lena: "Ich war im Krankenhaus und bin am Knie operiert worden!" Frau Z.: „Ist die Operation gut verlaufen oder gab und gibt es

Komplikationen?" Lena: „Erst sah es gut aus, aber dann hat der Arzt gesagt, dass ich nie wieder Langstrecke laufen darf, weil sonst mein Knie versteift!" Frau Z.: „Das hört sich so an, als hätte der Langstreckenlauf eine besondere Bedeutung für sie!" Lena: „Ich war im letzten Jahr Landesmeisterin im 10000m Lauf und mein Trainer hat gesagt, ich hätte auch gute Chancen bei der deutschen Meisterschaft!" Frau Z.:"O weh, das muss ein richtiger Schock für sie gewesen sein!" Lena: „Ja, das war es!" Frau Z.: „Danke, dass sie mir das erzählt haben. Ich werde niemandem davon erzählen, es sei denn, sie wollen es!"

*Kommentar: Frau Z. versucht behutsam, indem sie bei jeder Frage absichert, ob sie fragen darf, zu erfahren, was mit Lena geschehen ist. Offensichtlich gelingt es ihr, einen guten Kontakt zu ihr aufzubauen, so dass sie beginnt, sich zu öffnen. Frau Z. bietet ihr ein Reframing an: Für Lena muss es etwas geben, was ihr wichtiger ist als Kontakte zu Mitschülern oder gute Noten in mündlicher Mitarbeit. Um den aufgebauten Kontakt noch weiter zu verbessern, bietet Frau Z. Lena an, mit dem Erfahrenen vertraulich umzugehen.*

Lena: „Danke!" Frau Z.: „Wenn ich mir vorstelle, ich wäre in ihrer Situation, dann hätte mir die Mitteilung des Arztes sehr, sehr weh getan. Die entstandene wunde Stelle, nicht nur an meinem operierten Knie, sondern auch an meiner Seele würde ich um jeden Preis versuchen zu schützen. Dazu käme, dass ich nicht mehr zu meiner Laufgruppe gehören dürfte, das würde mir die Lust, überhaupt noch mal zu einer Gruppe gehören zu wollen, gründlich verderben. Empfinden sie das auch so?" Lena: „Ganz genauso!" Frau Z.: „Wenn dem so ist, dann ist es doch auf eine Art eine sehr kluge Entscheidung gewesen, sich in der Schule zurückzuziehen. Sie wollten sich so vor weiteren Verletzungen durch unangemessene Nachfragen, Kommentare oder Aufforderungen schützen!" Lena: „Das hat nur keiner verstanden. Ich wurde ständig bedrängt!" Frau Z.: „Wie es sich für eine richtige Langstreckenläuferin gehört, haben sie mit dem Sich-zurück-ziehen sehr langen Atem bewiesen. Bevor ich keine echte Alternative habe, mich zu schützen, würde ich das auch nicht aufgeben. Hätten sie denn, mit Blick auf das, was sie das kostet, Interesse daran, gemeinsam mit mir nach einer echten Alternative zu suchen? Lena: „Ja, warum nicht. Wenn sie mich nur nicht bedrängen, so zu tun, als wäre nichts passiert!" Frau Z.: „Ich verspreche es. Was halten sie davon, wenn wir uns in den nächsten Tagen noch einmal außerhalb des Unterrichts treffen und unser Gespräch fortsetzen. Dazu hätte ich noch einen Vorschlag: Wir beide schreiben auf, welche Schutzmechanismen, außer Rückzug, wir bei unseren Mitmenschen beobachten können und tauschen uns dann dazu aus. Was halten sie davon?" Lena: „Okay!"

*Kommentar: Frau Z. deutet Lenas Verhalten als kluge Entscheidung, sich zu schützen. Damit deutet sie ihr Verhalten als Ausdruck ihres Grundbedürfnisses als Individuum gesehen und respektiert zu werden. Sie schafft es, Lena dafür zu interessieren, nach alternativen Schutzmechanismen zu suchen.*

Im Folgenden werden einige Hinweise gegeben, wie ein Klärungsgespräch vorbereitet werden kann und auf was es bei der Durchführung ankommt:

**Vorbereitung auf ein Klärungsgespräch**

Bitte stellen Sie sich den Schüler vor, mit dem sie ein Klärungsgespräch führen wollen. Vergegenwärtigen sie sich bitte genau das von ihnen kritisierte oder unverstandene Problemverhalten. Was fällt ihnen mit Blick auf diese Person zu folgenden Fragen ein:

- Verhält dieser Schüler sich wenigstens gelegentlich so, dass sie dieses Verhalten wertschätzen können. Was genau ist das wertzuschätzende Verhalten?

- Gab es in der Vergangenheit gelegentliche Ausnahmen im Hinblick auf das von ihnen kritisierte oder unverstandene Verhalten. Verhielt sich der Schüler gelegentlich so, als gäbe es das Problemverhalten gar nicht oder weniger?

- Über welche Ressourcen verfügt der Schüler, die er noch häufiger nutzen sollte?

- Welche positiven Absichten könnten hinter dem von ihnen kritisierten oder unverstandenen Verhalten stehen?

- Welche positiven Funktionen hat das von ihnen kritisierte oder unverstandene Verhalten möglicherweise für den Schüler?

**Klärungsgespräch („Die vier K`s". Hier wird das Gesprächskonzept der drei K`s (Kontakt, Kontrakt und Kontext um ein viertes K = Klärung ergänzt.)**

Herstellen eines **KONTRAKTES**:

- Klärung und Festlegung eines zeitlichen Rahmens für das Gespräch
- Betonung der Freiwilligkeit als Voraussetzung des Gespräches
- Darlegung des eigenen Interesses/ Anliegens/Zieles/ der eigenen Sorge.
- Konkrete Beschreibung des zu kritisierenden/unverstandenen/ zu klärenden Verhaltens (möglichst ohne Bewertung)

Das zu klärende Verhalten in einen anderen **KONTEXT** stellen:

- Für das zu klärende Verhalten eine positive Absicht unterstellen
- Die Bedeutung dieser Absicht für die handelnde Person hervorheben, indem der „Preis", den die handelnde Person für ihr Verhalten bisher „bezahlt", wertschätzend betont wird
- Vergewisserung, ggf. die eigenen Hypothesen verändern
- Umdeutung des zu klärenden Verhaltens als Ausdruck eines legitimen und wertzuschätzenden Bedürfnisses nach
    - Individualität
    - Zugehörigkeit

**KLÄRUNG im KONTAKT**

- Haltung der Wertschätzung und des Respektes: Der Gesprächspartner ist der beste Fachmann seiner eigenen Situation. Letztlich kann er nur selbst seine Probleme lösen/ entscheidet er selbst, ob er sein Verhalten ändert oder nicht.

- Suche nach alternativen Verhaltensweisen zur Befriedigung der vorhandenen Bedürfnisse bei geringeren Kosten

- Innerer und äußerer „Check", ob Kosten und Nutzen der „neuen" Verhaltensweise im gewünschten Verhältnis stehen

- Vorhersage von „Rückfällen" in die alten Verhaltensweisen. Gelingt es alternative Verhaltensweisen zu finden, lohnt der Hinweis der Lehrperson, dass dies nicht bedeutet, dass es von nun an keine „Rückfälle" mehr geben wird. Normal ist es eher, sich gelegentlich eine „Ehrenrunde" zu gönnen. Erfahrungsgemäß verringert sich durch diese Vorhersage die Wahrscheinlichkeit, dass es tatsächlich dazu kommt.

- Haltung der Wertschätzung und des Respektes: Der Gesprächspartner ist der beste Fachmann seiner eigenen Situation. Letztlich kann er nur selbst seine Probleme lösen/ entscheidet er selbst, ob er sein Verhalten ändert oder nicht.

- Suche nach alternativen Verhaltensweisen zur Befriedigung der vorhandenen Bedürfnisse bei geringeren Kosten

- Innerer und äußerer „Check", ob Kosten und Nutzen der „neuen" Verhaltensweise im gewünschten Verhältnis stehen

- Vorhersage von „Rückfällen" in die alten Verhaltensweisen. Gelingt es alternative Verhaltensweisen zu finden, lohnt der Hinweis der Lehrperson, dass dies nicht bedeutet, dass es von nun an keine „Rückfälle" mehr geben wird. Normal ist es eher, sich gelegentlich eine „Ehrenrunde" zu gönnen. Erfahrungsgemäß verringert sich durch diese Vorhersage die Wahrscheinlichkeit, dass es tatsächlich dazu kommt.

## 3. Literatur:

**Bach, George Robert; Wyden, Peter** (1980), Streiten verbindet. Diederichs, Düsseldorf / Köln, 6.Auflage

**Berne, Eric** (2002), Spiele der Erwachsenen: Psychologie der menschlichen Beziehungen. Deutsch von Wolfram Wagmuth. Rowohlt, Reinbek bei Hamburg 1967; Neuauflage

**Ellis, Albert,** Näheres zum ABC - Modell bei Schulz von Thun, Friedemann (1981), Miteinander reden 1 - Störungen und Klärungen. Allgemeine Psychologie der Kommunikation. Rowohlt, Reinbek

**Gührs Manfred, Nowak Claus** (2006), Das konstruktive Gespräch. Ein Leitfaden für Beratung, Unterricht und Mitarbeiterführung mit Konzepten der Transaktionsanalyse. Limmer, Meezen

**Jiranek, Heinz und Edmüller, Andreas** (2003), Konfliktmanagement, Als Führungskraft Konflikten vorbeugen, sie erkennen und lösen, Haufe, Freiburg

**Joines,Jan. & Stewart, Ian** (1990), Die Transaktionsanalyse. Eine Einführung in die TA. 2. Aufl. Freiburg u.a.: Herder.

**Palmowski, Wilfried** (2007), Nichts ist ohne Kontext. Systemische Pädagogik bei „Verhaltensauffälligkeiten". Dortmund: Verlag modernes Lernen.

**Richter, Horst Eberhard** (1962), Eltern, Kind und Neurose. Die Rolle des Kindes in der Familie/Psychoanalyse der kindlichen Rolle. Neuauflage Rowohlt, Reinbek

**Rogers, Carl R.** (1984), Lernen in Freiheit, Kösel, München

**Satir, Virginia** (2004), Kommunikation - Selbstwert - Kongruenz, Konzepte und Perspektiven familientherapeutischer Praxis 7. Auflage, Junfermannsche Verlagsbuchhandlung, Paderborn

**Schmidt, Gunther** (2004/1), Liebesaffären zwischen Problem und Lösung. Hypnosystemisches Arbeiten in schwierigen Kontexten. Carl-Auer, Heidelberg

**Schulz von Thun, Friedemann** (1981), Miteinander reden 1 - Störungen und Klärungen. Allgemeine Psychologie der Kommunikation. Rowohlt, Reinbek

**Schulz von Thun, Friedemann** (1998), Miteinander reden 3 - Das „innere Team" und situationsgerechte Kommunikation. Kommunikation, Person, Situation. Rowohlt, Reinbek

**Steiner, Claude** (2005), Wie man Lebenspläne verändert (Originaltitel: Scripts People Live, übersetzt von Stefan Mitzlaff). 11. Auflage. Junfermann, Paderborn

**Stierlin, Helm** (1988). Prinzipien der systemischen Therapie. In: F. B. Simon (Hrsg): Lebende Systeme - Wirklichkeitskonstruktionen in der systemischen Therapie. Springer, Berlin

**Watzlawick, Paul** (2009), Anleitung zum Unglücklichsein. 15. Auflage, Piper-Taschenbuch, München

**Wilbertz, Norbert (ohne Jahr)**, internes Arbeitspapier der Ehe-, Familien- und Lebensberatung Münster

# 4. Anhang: Arbeitsblätter zu den Themen

1. Problematischer Umgang mit Kritik
2. Merkpunkte für ein Kritikgespräch
3. Hilfreiche Regeln für das Kritikgespräch
4. Wie äußere ich Kritik
5. Mein schwierigster Fall
6. Umgang mit unsachlicher Kritik
7. Modell der Ich-Zustände in der Transaktionsanalyse
8. Charakterisierung der Rollen
9. T - Shirts
10. Vermeidung des Rettungsspiels
11. Fünf problematische Regeln zum Umgang mit Anerkennung
12. Bezogene Individuation
13. Klärungsgespräch

**Anhänge:**

Anhang 1

## Problematischer Umgang mit Kritik

Oft sind „Kritisierte" nicht bereit, sich mit einer sachlich vorgetragenen Kritik konstruktiv auseinander zu setzen. Sie versuchen diese zurück zu werfen, ins Leere laufen zu lassen o.ä. Bevorzugte Gesprächsstrategien sind dabei:

- Beschwichtigen, d.h., es wird versucht, das Problem oder sich selbst kleiner zu machen.
- Anklagen, d.h., die Kritik wird mit Vorwürfen zurückgeworfen.
- Rationalisieren, d.h., das eigene kritisierte Verhalten wird in einen quasi objektiv richtigen Zusammenhang gestellt.
- Ablenken, d.h., das angesprochene Thema wird ständig gewechselt.

Anhang 2

## Merkpunkte für ein Kritikgespräch

- Darstellen des zu kritisierenden Sachverhalts.
- Nachfragen beim Kritisierten.
- Darlegen der eigenen Bewertungen/Empfindungen.
- Erläutern des eigenen Werthintergrundes/ der eigenen Optionen, der/die zur Kritik geführt haben.
- Wünsche/ Konsequenzen, die sich aus der Kritik ergeben.

Anhang 3

## Hilfreiche Regeln für das Kritikgespräch

- Gute Vorbereitung. Den Gesprächseinstieg vorher überlegen.
- Schon bei der Ankündigung des Gespräches kurz offenlegen, worum es geht.
- Nicht vor Anderen kritisieren. Kritikgespräche unter vier Augen. Niemanden in Abwesenheit bloßstellen.
- Nicht übers Telefon oder über Dritte kritisieren.
- Nicht Personen, sondern Verhalten kritisieren.
- Kritik möglichst zeitnah. Bei starken Emotionen ggf. eine Nacht drüber schlafen.
- Ein Kritikgespräch braucht Raum und Zeit.
- Geäußerte Kritik nicht durch Anerkennung in einer anderen Sache abschwächen.
- Erledigte Kritikpunkte in einem erneuten Kritikgespräch nicht noch einmal heranziehen.

Anhang 4

## Wie äußere ich Kritik am Verhalten eines anderen Menschen?

Grundsätzliches

- Es gibt keine „objektiv richtige" Interpretation des Verhaltens eines anderen Menschen.
- Objektivität ist die Wahnvorstellung, man könne beobachten, ohne beteiligt zu sein! (Heinz von Foerster)
- Vorsicht bei Rückschlüssen vom Verhalten eines Menschen auf seinen Charakter!
- Wenn ich darüber nachdenke, wie andere von mir denken, denke ich in der Regel negativer als die anderen tatsächlich von mir denken!"
- Die Vermeidung des Problems sichert den Bestand des Problems!" (Paul Watzlawick)
- Heimliche Wünsche werden unheimlich selten erfüllt!"
- Hilfreich ist die Unterscheidung zwischen Rolle und Person: aus welcher Rolle heraus will ich jemand etwas Kritisches mitteilen. Durch welches Verhalten beeinträchtigt der andere Mensch mich in der Wahrnehmung meiner Rolle. Womit hat der andere Mensch mich persönlich gekränkt, verletzt o.ä.

## Tipps zum Gesprächsaufbau und zur Gesprächsführung

Gespräch eröffnen. Wertschätzende Atmosphäre ("Vieraugengespräch" Raum und Zeit). Direkte Ansprache des Gesprächsanlasses und des Kontextes, in dem das Gespräch steht.

Den zu kritisierenden Sachverhalt möglichst vollständig darstellen, ohne ihn sofort zu bewerten. Konkrete Verhaltensbeschreibungen. Dem Anderen Gelegenheit zur Darlegung seiner Sichtweise geben.

Nachfragen und vergewissern, ob ich richtig verstanden habe.

Darstellung der eigenen Bewertung des zu kritisierenden Verhaltens. Unterscheidung zwischen Tatsachen und Vermutungen. Vorsicht: Keine „alten Rabattmarkenbücher" einlösen.

Beschreibung der Gefühle, die durch die eigene Interpretation des Verhaltens des anderen Menschen bei mir ausgelöst wurden. Auswirkungen dieser Gefühle auf die Beziehung zu dem anderen. Nicht alles, was ich denke und fühle, muss ich ausdrücken, aber alles, was ich ausdrücke, soll mit dem übereinstimmen, was ich wirklich denke und fühle!

Darlegung meiner eigenen Bewertungshintergründe/Werthaltungen/Optionen. Klärendes Gespräch über die unterschiedlichen Sichtweisen. Vorsicht vor Gesprächstechniken, die die Verständigung erschweren und vor möglichen Versuchen des Anderen, mir meine authentischen Gefühle wegreden zu wollen. Formulieren, was nach dieser Klärung von meiner Kritik noch bleibt.

Besprechung von Konsequenzen Was soll sich ändern? Welche Erwartungen habe ich an den anderen? Was kann ich selbst dazu beitragen, dass der andere das von mir kritisierte Verhalten unterlässt?

Gesprächsergebnis zusammenfassend formulieren.

Anhang 5

**Mein schwierigster Fall**

| | |
|---|---|
| Offene oder verdeckte Aggressionen<br>Ablehnung / Abwertung<br>Offenes Dominanzstreben<br>Offene oder verdeckte Schuldzuweisungen | Rechthaben wollen<br>Arroganz und / oder Überheblichkeit<br>Konkurrenz / Rivalität<br>Verdecktes Dominanzstreben |
| Unzuverlässigkeit<br>Unorganisiertheit<br>Unverbindlichkeit<br>Ausweichende Kommunikation | Beschwichtigungen<br>Überlastung<br>„Leiden statt handeln"<br>Sich und andere deprimieren |

Entwicklungsaufgaben, die in meinem **Schatten** liegen:

| | |
|---|---|
| **Offene Aggression**<br><br>*begegnen durch:*<br><br>Mit Klarheit und Entschiedenheit „Ich" sagen! | **Rechthabenwollen**<br><br>*begegnen durch:*<br><br>Autorität für *mich* beanspruchen! |
| **Unzuverlässigkeit**<br><br>*begegnen durch:*<br><br>Verantwortlichkeiten klären, mich auf meine Verantwortung reduzieren und mit „Nicht-zu-Klärendem" leben können. | **Beschwichtigen und Jammern**<br><br>*begegnen durch:*<br><br>Eigene Grenzen erkennen und mit diesen Begrenztheiten leben. |

Anhang 6

## Umgang mit unsachlicher Kritik

Grundsätzliches:

- Eine (un)sachliche Kritik trifft Sie an der Stelle am härtesten, an der Sie sich bei Ihren inneren Dialogen ebenfalls selbst sehr kritisch beurteilen.

- Bedenken Sie, dass „kein Ärger auf der Welt verloren geht". Auch der Ärger, den man „runterschluckt", ist nicht einfach verschwunden. Vielmehr kleben Sie dafür eine „Rabattmarke" in ein inneres „Rabattmarkenbuch"(E. Berne) für unbewältigten Ärger. Irgendwann ist dieses Buch voll und derjenige, der für die letzte Rabattmarke verantwortlich ist, bekommt das ganze Buch um die Ohren gehauen. „Rabattmarken sollten Sie möglichst zeitnah einlösen!"

- Unsachliche Kritik zeichnet sich oft dadurch aus, dass sie eine brisante Mischung darstellt, die sich zusammensetzt aus einem nachvollziehbaren, sachlichen Anliegen, das in dieser Kritik versteckt ist und einer Unverschämtheit, die kränkt und/oder beleidigt.

- Wichtiges Ziel eines konstruktiven Umgangs mit Kritik ist nicht zuletzt auch die Sicherung der eigenen Handlungsfähigkeit und Integrität.

## Tipps zum Gesprächsaufbau und zur Gesprächsdurchführung

1. Unsachliche Kritik löst bei der betroffenen Lehrperson mehr oder weniger starke emotionale

Reaktionen aus, (Wut, Enttäuschung usw.). Richten Sie Ihre Aufmerksamkeit und Ihr Engagement zunächst auf das „Management" dieser Gefühle. Nutzen Sie Ihre erlernten Strategien, um sich zu beruhigen (z.B. tief durchatmen). Bitten Sie ggf. Ihren Gesprächspartner, dass er seine Kritik noch in eins/zwei weiteren Beispielen erläutern soll. Während er spricht, hören Sie nur mit halbem Ohr zu und versuchen sich gleichzeitig wieder etwas zu „sortieren". Denken Sie daran, es geht zunächst um die Sicherung Ihrer Handlungsfähigkeit. (Stellen Sie überzogene Selbstanforderungen, besonders schlagfertig sein zu wollen, oder besonders kompetent sein zu wollen, zurück.) Niemand hat etwas davon, wenn Sie nicht richtig handlungsfähig sind.

2. Sprechen Sie Ihrem Gesprächspartner gegenüber beide Seiten (sachliches Anliegen und Unverschämtheit) der gehörten Kritik an. Beispiel: „Ich höre Ihr Anliegen, mit mir über die Klasse X/ Ihren Sohn/ Ihre Tochter zu sprechen, und das, was und wie Sie es sagen, hört sich nach einem Vorwurf an, den Sie gegen mich haben! Ist das richtig?"

3. Bestreitet der Gesprächspartner den Vorwurf, fragen Sie noch einmal nach („Sind Sie ganz sicher, dass Sie keinen Vorwurf gegen mich haben? Wenn Sie einen haben, sprechen Sie es offen an. Ich bin dankbar, wenn die kritischen Dinge offen angesprochen werden!"). Verneint er nach wie vor die Frage nach dem Vorwurf, wird sich in seinem weiteren Gesprächsverhalten sehr bald zeigen, ob dies auch so ist. Bestätigt Ihr Gesprächspartner Ihre Vermutung, führen Sie seinen Vorwurf auf einen der folgenden Grundvorwürfe zurück, die Lehr- und Schulleitungspersonen gegenüber immer wieder vorgebracht werden
   - Sie haben etwas gegen mein Kind/ gegen mich!

- Sie sind als Lehrperson/ Schulleitungsperson nicht wirklich kompetent
- Sie maßen sich eine Autorität an, die Ihnen nicht zusteht.

4. Ist Ihr Gesprächspartner bereit, mit Ihnen über seinen/ihren Vorwurf, zu sprechen, dann greifen Sie diese Bereitschaft auf. Bleibt er bei den „Unverschämtheiten", d.h.er bestreitet zwar einen Vorwurf zu haben, „tritt Ihnen aber nach wie vor unterm Tisch gegen das Schienbein", dann beenden Sie, wenn eben möglich, das Gespräch an dieser Stelle. Beispiel: „Ich bin nicht bereit, in dieser Art mit mir reden zu lassen. Über ihr sachliches Anliegen können wir später reden!"

5. Bei der Besprechung der o.g. Vorwürfe nehmen Sie für sich in Anspruch, dass Sie mit dem Gesprächspartner z.B. zum Wohle eines Schülers zusammenarbeiten wollen. Etablieren Sie einen „Kooperationsrahmen" („Wir beide, Eltern und Lehrperson, wollen etwas Gutes für einen Schüler!") - Reklamieren Sie für sich als notwendige Bedingung dieser Kooperation einen Vorschuss an

   - Wohlwollen dem betreffenden Kind gegenüber („Ich meine es gut mit Ihrem Kind!")
   - Kompetenz („Ich verstehe meinen Job!")
   - Autorität („Ich stehe zu der Autorität, die mit meiner Rolle verbunden ist!")

   Ist Ihr Gesprächspartner nicht bereit, Ihnen einen solchen Vorschuss zu gewähren, dann weisen Sie daraufhin, dass unter diesen Umständen Kooperation nicht möglich ist. Sie bleiben natürlich weiterhin in Ihrer Rolle, allerdings werden so die Chancen, die in einer Zusammenarbeit liegen, nicht genutzt werden können. Gewährt Ihnen Ihr Gesprächspartner einen solchen

Vorschuss, dann können Sie jetzt zur Besprechung des sachlichen Anliegens übergehen.

6. Kommt es zu einem sachlichen, konstruktiven Gespräch, vergessen Sie nicht, am Ende evtl. vorhandene „Rabattmarken" einzulösen. Beispiel: „Ich bin froh, dass wir es geschafft haben, uns in der Sache zu verständigen. Ihr Einstieg in unser Gespräch war für mich sehr schwierig, ich habe mich durch ihre Äußerungen... persönlich herabgesetzt gefühlt. Indem ich es ausspreche, ist die Sache auch für mich erledigt!

7. Bei unsachlicher Kritik in größeren Gruppen (z.B. bei Elternabenden) reagieren Sie nicht spontan im Sinne von Rechtfertigung oder Gegenangriff. Beziehen Sie, wenn eben möglich, andere TeilnehmerInnen mit ein. Beispiel: „Bevor ich auf Ihren Redebeitrag antworte, interessiert mich, wie die anderen Eltern die Situation in der Klasse einschätzen!"

**Merksatz zum Umgang mit kritischem Feedback: „Ich danke Dir, für alles was Du mir gesagt hast. Ich will bedenken, was Du mir gesagt hast. Bedenke aber auch Du bitte, dass ich nicht auf dieser Welt bin, um so zu sein, wie du es gerne möchtest. Ich wünsche Dir ein langes Leben!" (nach Fritz Perls)**

Anhang 7

# Das Modell der Ich-Zustände in der Transaktionsanalyse

Erik Berne hat einen Ich-Zustand definiert als ein „in sich geschlossenes Muster von Fühlen und Erleben, das in direktem Zusammenhang steht mit einem in sich geschlossenen Verhaltensmuster".

Das Modell der Ich-Zustände bietet eine Möglichkeit, die Frage zu beantworten: „Wer bin ich?". Die Beobachtung zeigt, daß Menschen nicht ständig gleich sind. Sie verändern von Zeit zu Zeit in charakteristischer Weise ihr Denken, Fühlen und Verhalten (Stimmlage, Gestik, Mimik usw.). Dabei bilden diese drei Momente jeweils ein zusammenhängendes System. Berne fand drei verschiedene Systeme, die er Ich-Zustände nannte und die er deutlich von einander abgrenzen konnte.

1. Ich-Zustände, die denen von Elternfiguren ähneln;
2. Ich-Zustände, die autonom auf die Erfassung der Wirklichkeit ausgerichtet sind und
3. Ich-Zustände, die an früheres Verhalten in der Kindheit erinnern.

Vereinfacht bezeichnete Berne diese drei Zustände als Eltern-Ich, Erwachsenen-Ich und Kindheits-Ich. Jedes Individuum hat diese drei verschiedenen Ich-Zustände. Sie sind beim Einzelnen mehr oder weniger stark aktiviert. Sie können auch in einem mehr oder weniger starken Widerspruch zueinander stehen. Die seelische Gesundheit einer Person besteht darin, alle drei Ich-Zustände situationsgemäß und flexibel leben zu können.

## *Kennzeichen der verschiedenen Ich-Zustände:*

## *1. Kennzeichen des Eltern-Ich*

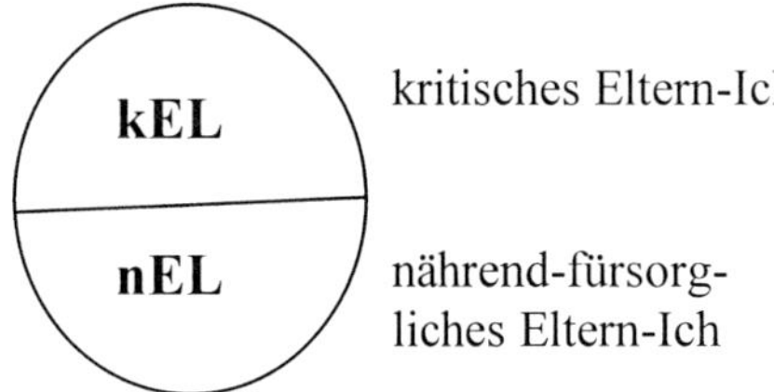


Entstehung:
Von Bezugspersonen in der Kindheit übernommene Prinzipien und damit zusammenhängende Reaktionen und Verhaltensweisen

| **kritisches Eltern-Ich:** | **fürsorgliches Eltern-Ich:** |
|---|---|
| - wertet negativ bzw. wertet ab | - hört zu |
| - denkt in Schwarz-weiß-Kategorien (gut/schlecht, richtig/falsch, ja/nein u. ä.) | - hat Verständnis |
| | - hat Geduld |
| | - wertet positiv bzw. wertet auf |
| - verallgemeinert | |
| - befiehlt | - hilft |
| - kritisiert | - tröstet |
| - weist zurecht | - beruhigt |
| - schulmeistert | - ermutigt |
| - stellt rethorische Fragen und inquisitorische Fragen | - gleicht aus |
| - moralisiert | |
| - bestraft | |

## *2. Kennzeichen des Erwachsenen-Ich*

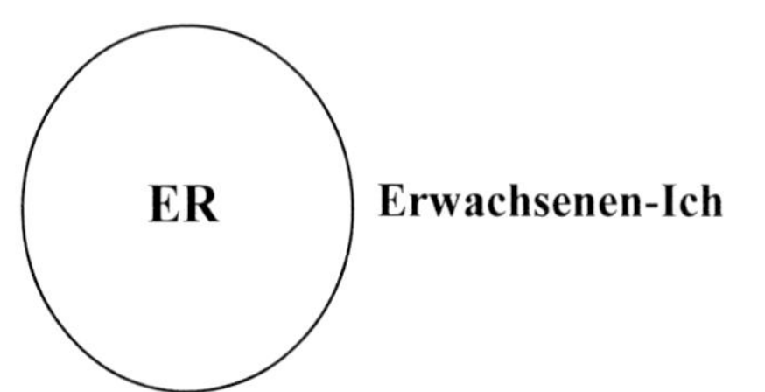


Entstehung:
Beim Heranwachsen zunehmend rationale Auseinandersetzung mit der Realität und Ziehen von überprüften Konsequenzen aus gemachten Erfahrungen

Verhaltensweisen:
- sammelt und gibt Informationen
  - hört zu
  - beobachtet
  - stellt sachliche Fragen
  - sammelt Fakten
  - konzentriert sich auf das, was tatsächlich ist
  - formuliert wertfrei

- schätzt Wahrscheinlichkeiten ein
  - überlegt
  - wägt ab
  - denkt in Alternativen
  - überprüft eigene Normen und Gefühle
  - differenziert

- trifft Entscheidungen
  - versucht, Probleme konstruktiv zu lösen

## *3. Kennzeichen des Kind-Ich*

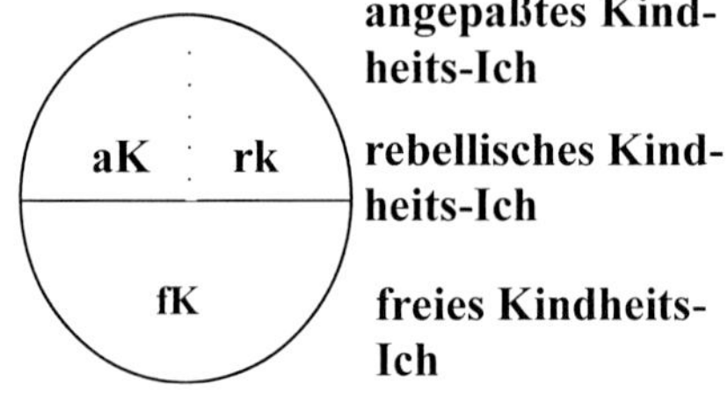


Entstehung:
Bereits beim Kleinstkind die Entwicklung gefühlsmäßiger Reaktionen auf äußere Ereignisse

**Verhaltensweisen:**
- *freies Kind-Ich*
  - spontan und impulsiv
  - direkt
  - sucht Abwechslung und Spaß
  - egozentrisch
  - aggressiv
  - authentisch
- *angepaßtes Kind-Ich:*
  - hilflos
  - tut sich leid
  - wartet, bis es von allein besser wird
  - orientiert sich an Normen
  - verzichtet
  - traut sich nicht
  - hat Angst
  - gibt nach
  - lächelt devot oder unsicher
- *rebellisches Kind-Ich*
  - trotzig, bockig
  - macht das Gegenteil von dem, was erwartet wird
  - legt sich mit Autoritäten an
  - beharrt stur auf seiner Meinung, auch wenn es sich selbst schadet

Quelle der Grafik unbekannt, vergl. auch Joines / Stewart: Die Transaktionsanalyse)

Anhang 8

## *Charakterisierung der Rollen oder Handlungsprogramme im „Drama - Dreieck“*

| **Rolle** | **Verfolger** | **Retter** | **Opfer** |
|---|---|---|---|
| **Thema** | **Anklage und Kritik**<br><br>Menschen die gerne auf jemandem „herumhacken“ | **Selbstgerechtigkeit**<br><br>Menschen, die gerne eingreifen, wenn einer auf dem anderen “herumhackt“ oder anschließend tröstet | **Ablehnung und Hilflosigkeit**<br><br>Menschen, die gerne auf sich „herumhacken“ lassen |
| Kurzbeschreibung | • ist im weitesten Sinne „hinter anderen her“<br>• versucht, durch überkritisches, zurechtweisendes, bestrafendes oder arrogantes Verhalten bei den anderen Gefühle der Minderwertigkeit, Schuld, des Versagens und Unterlegenheit zu provozieren<br>• betont Macht- und Statusunterschiede<br>• läßt bei Mitarbeitern keine Unklarheit aufkommen, wer „oben“ und wer „unten“ steht<br>• streng, kleinlich und auf genaues Einhalten von Regeln und Anweisungen bedacht<br>• Kritik und Vorwürfe erfolgen häufig massiert und massiv<br>• ist nachtragend<br>• versucht Probleme auszureden oder abzublocken<br>• drängt gern in die Defensive (Konkurrenzverhalten)<br>• trifft Anordnungen oder Verbote ohne Begründungen | • fördert und fordert die Komplementär-Rolle: Das Opfer<br>• kümmert sich um alles, macht sich Probleme anderer zu eigen<br>• ist voller Mitgefühl<br>• sorgt dafür, daß möglichst nichts passiert<br>• gibt ungefragt Ratschläge und geht insgeheim davon aus, daß man sie befolgt und dankbar ist<br>• weiß genau, was für andere gut ist - ohne sie jemals befragt zu haben<br>• übernimmt Tätigkeiten, die der andere auch erledigen kann<br>• gibt indirekt Erlaubnis, Fehler zu machen, etwas nicht zu können, zu scheitern (=schafft die Voraussetzungen für die Notwendigkeit der Retter-Rolle) | • hat Angst, etwas falsch zu machen<br>• wartet lieber ab<br>• hofft, daß etwas von alleine sich ändert oder besser wird<br>• ist mehr oder minder hilflos, unsicher<br>• lehnt Verantwortung ab<br>• unternimmt nichts von sich aus<br>• bezieht keine klare Position<br>• tut sich schwer, zum Kern der Sache zu kommen<br>• verhält sich provozierend: betont höflich, aufreizend langsam<br>• bittet häufig - offen oder verdeckt - um Erlaubnis, etwas tun zu dürfen<br>• stellt mitgetragene Entscheidungen nachträglich in Frage<br>• sucht Rat, lehnt aber die erteilten Tips zumindest innerlich ab<br>• tut das, was man von ihm verlangt<br>• ist auf der Suche nach einem „starken“ Partner (Verfolger oder Retter) |
| Devise | „Man muß Unmögliches verlangen, um gute Leistungen zu erhalten!“ | „Wenn Du mich nicht hättest....!“ | „Was soll ich denn noch alles tun? Warum immer ich“ |
| Spiel | • anklagen<br>• ohne Begründung verbieten<br>• in die Defensive drängen<br>• Unmögliches verlangen<br>• bohrend nachfragen<br>• Vermutungen anstellen, Verdächtigungen aussprechen<br>• den anderen oder sein Problem abwerten | • gute Ratschläge anbieten, ohne die Situation zu analysieren<br>• helfen, ohne daß Hilfe verlangt wurde<br>• sich Probleme anderer zu eigen machen<br>• unklare Vereinbarungen tolerieren<br>• zusichern, daß Hilfe jederzeit in Anspruch genommen werden kann | • sich unpräzise ausdrücken<br>• im unpassenden Moment stören<br>• Zuwendung verlangen, wenn andere absolut keine Zeit dafür haben<br>• Mitleid erregen<br>• vorgeben, etwas nicht zu können<br>• klagen und jammern<br>• ständiges Infragestellen/unangenehm auffallen<br>• Zusagen geben, die nicht eingehalten werden<br>• provozieren<br>• sich ungeschickt verhalten<br>• untätig und hilflos herumstehen<br>• dem anderen zeigen, daß man von ihm erwartet, daß er etwas unternimmt |

| | | | |
|---|---|---|---|
| Bevorzugte Mitspieler | Opfer - oder - Menschen, die gewohnt sind, sich kritiklos unterzuordnen<br>• nicht widersprechen<br>• nicht „nein" sagen können<br>• leicht den Kopf verlieren<br>• sich wegen Fehlern Schuldgefühle machen<br>• die sich Blößen geben<br>• die sich ungeschickt verhalten<br><br>Verfolger:<br>• Menschen gegenüber, denen die eigenen Machtansprüche erst gegen harten Widerstand durchgesetzt werden können | Opfer:<br>Menschen, die<br>• sich „als im Leben zu kurz gekommen" empfinden<br>• mit Problemen nicht fertig werden<br>• gerne Denkarbeit vermeiden<br>• Verantwortung ungerne übernehmen<br>• ihre eigenen Fähigkeiten abwerten | Verfolger: - oder - Menschen, die<br>• gerne tadeln oder moralisieren<br>• sich intensiv über andere aufregen<br>• ungeduldig sind<br>• immer Bester sein wollen<br>• hitzköpfig sind<br>Retter:<br>• sich Probleme anderer zueigen machen<br>• unklare Vereinbarungen tolerieren<br>• Bestätigung suchen, daß sie unentbehrlich sind |
| Nutzeffekte | • Fehler bei anderen suchen, um sich grandios fühlen zu können<br>• sich über andere zu erheben<br>• aufgestaute Gefühle „berechtigt" und „schuldfrei" einlösen<br>• anderen Schuld zuweisen, oftmals selbst für eigenes Versagen<br>• sich ärgern (können)<br>• das Gefühl haben, der Beste zu sein<br>• überzeugt sein, alles alleine machen zu müssen | • bestätigt bekommen, daß man gebraucht wird<br>• anderen beweisen, daß „ohne einen nichts geht"<br>• sich wertvoller als andere finden / fühlen<br>• andere herabsetzen können bzw. abhängig machen | • sich demütigen lassen und dann schmollen können<br>• sich unverstanden fühlen<br>• sich zurückziehen können<br>• eigenes Unglück genießen (können)<br>• körperliche oder geistige Anstrengung vermeiden<br>• anderen die Verantwortung für das eigenen Leben zuschieben können |
| Redewendungen / Idiome | • Ich habe das Gefühl, außer mir arbeitet hier niemand...!<br>• Sagen Sie mal, was machen Sie eigentlich so den ganzen Tag über?<br>• Sie sind doch sonst eigentlich ganz intelligent, aber...<br>• Machen Sie gefälligst das, was von Ihnen erwartet wird<br>• Wie oft soll ich Ihnen das noch sagen?<br>• Ich habe das starke Gefühl, nur mit Bekloppten hier zu tun zu haben! | • Nun sagen Sie doch schon, was Sie so bedrückt!<br>• Ich sehe doch, Sie haben ein Problem<br>• Du kannst mir vertrauen!<br>• Mit mir kann man über alles reden!<br>• Du siehst so...<br>- blaß<br>- besorgt<br>- verängstigt usw. aus!<br>• Komm, ich mach das schon für Dich! | • Ich kann machen, was ich will...<br>• Das ist heute nicht mein Tag!<br>• Immer auf die Kleinen!<br>• Richtig! Immer her damit! Ich hab ja sonst nichts zu tun!<br>• Warum muß mir das immer passieren?<br>• Ich habe nie Glück!<br>• Ich bin immer so allein!<br>• Keiner hat mich richtig lieb! |
| Wirkung | Die Führungskraft in der Rolle des Verfolgers übt Macht aus, um „Sieger-Verlierer"-Konstellationen herzustellen. Sie fördert damit überangepaßte oder rebellische Mitarbeiter. | Die *„Hilfe des Retters"* soll andere unselbständig und abhängig machen sowie verhindern, daß die anderen „erwachsen" werden und selber denken und entscheiden können. *Verfolgern und Rettern* ist gemeinsam, daß sie ihre Rolle erst dann einnehmen können, wenn (vorbewußt) andere als unfähig angesehen werden. | *Opfer* über indirekt häufig große Macht aus, da sie durch ihr Verhalten viel Energie bei anderen binden können, vorausgesetzt:<br>- sie schlucken die „Köder" oder gehen einer Beziehungserklärung aus dem Wege<br>Dann werden andere sich ständig um sie kümmern müssen; Angst um sie haben, daß sie im entscheidenen Augenblick versagen, daß sie etwas nicht schaffen...<br>Manche *Opfer* arbeiteten sehr routiniert mit moralischer Erpressung. |

Aus: K. Burghardt, H. Spickenbom: Zur Morphologie „Psycholog. Spiele" im Alltag und im Beruf. In: Personal - Mensch und Arbeit, Heft 7/1998

# T-Shirts

Anhang 9

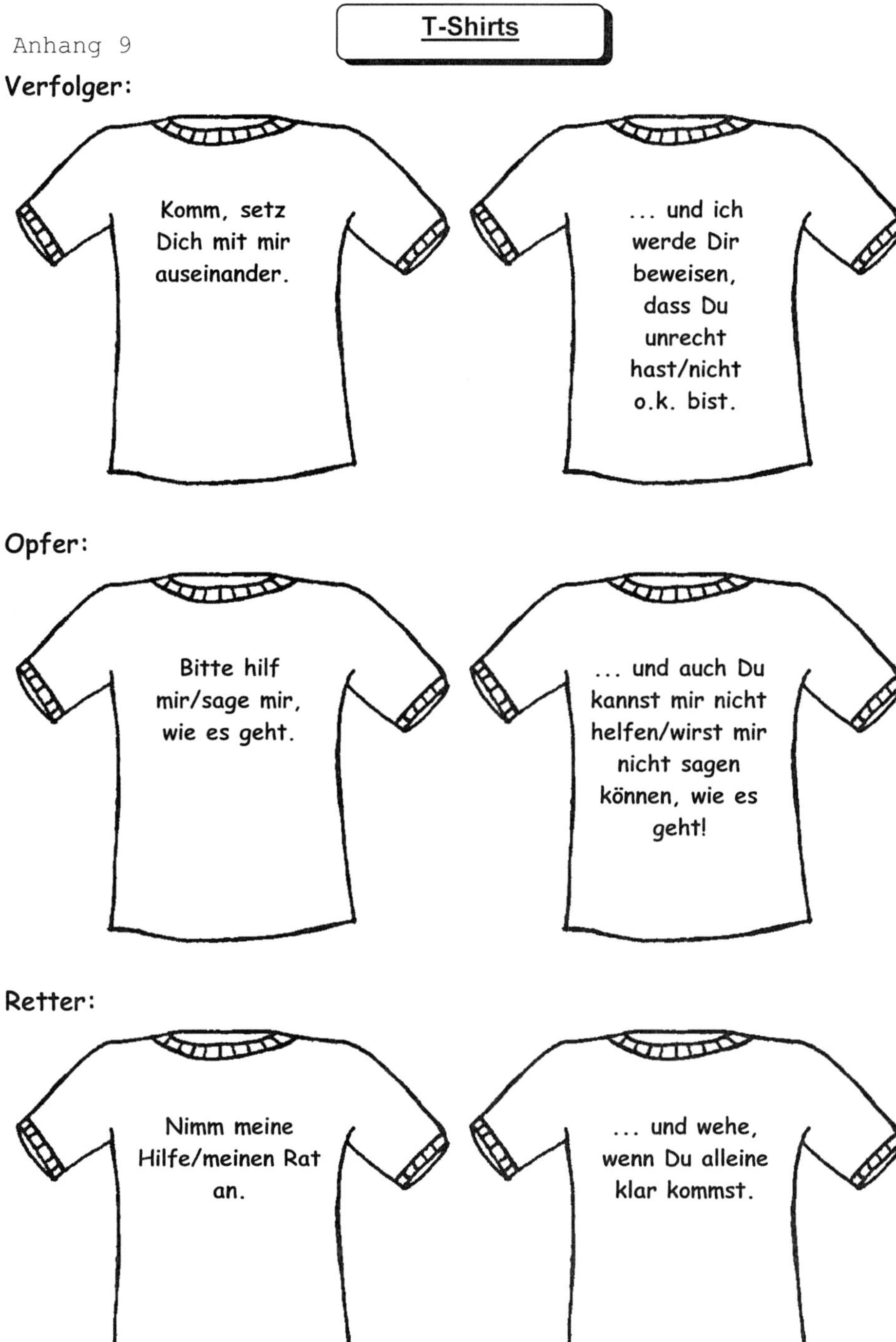


(nach Joines/Stewart)

## Vermeidung des Rettungsspiels

- Keine Hilfe ohne Kontrakt
- Halte niemanden für hilflos, es sei denn, er ist ohnmächtig.
- Wenn Dein Gegenüber sich hilflos fühlt, dann hilf ihm zunächst seine vorhandenen Kräfte zu sammeln, bevor Du für ihn etwas tust.
- Zur Lösung des Problems eines anderen leiste nie mehr als 50% der Arbeit.
- Tue nichts, was Du auch nicht wirklich willst, sonst bist Du in der Gefahr ein Retter zu sein.

Anhang 11

**Fünf problematische Regeln zum Umgang mit Anerkennung** (nach Claude Steiner)

1. **Gib Anderen keine Anerkennung, es sei denn Du musst!**

2. **Wenn Du Anerkennung bekommst, nimm Sie nicht an!**

3. **Wenn Du Anerkennung bekommst, die Du nicht möchtest, nimm sie trotzdem an!**

4. **Bitte niemals um Anerkennung!**

5. **Gib Dir selbst keine Anerkennung!**

Anhang 12

**Bezogene Individuation** (H.Stierlin)

1. Ich vermag mich als Individuum von anderen Individuen abzugrenzen. Das heißt: Ich erlebe meine Bedürfnisse, meine Gefühle, meine Fantasien, meine Ideen, meine Träume, meine Erwartungen, meinen Körper, als mir zugehörig und unterschieden von den Bedürfnissen, Gefühlen, Fantasien, Ideen, Träumen, Körper anderer, insbesondere für mich wichtiger anderer wie meiner Familienangehörigen, Partner und Freunde.

2. Ich erlebe mich als ein Subjekt, das zur Intersubjektivität mit anderen Menschen bereit und fähig ist, das daher sowohl Bedeutungen vermitteln, als auch solche von anderen aufzunehmen vermag.

3. Im Rahmen solcher Intersubjektivität erlebe ich mich als jemanden, der eigene Ziele und Werte definieren und, falls nötig, auch gegen wichtige Andere durchzusetzen weiß und sich dazu berechtigt fühlt.(…)

4. Ich erlebe mich als Zentrum eigener Initiative und Täterschaft, erlebe mich als lebendiges Kraftzentrum, erlebe mich als Autor meiner Geschichte, erlebe

mich als autonom und frei, aber auch ver antwortlich, für das, was ich denke, tue, anrichte, verfasse. Das schließt unter Um ständen auch Verantwortung für von mir gezeigte Symptome ein."

(Zit. bei Hubrig / Herrmann (2007): Lösungen in der Schule, Heidelberg: Carl-Auer, S. 40ff)

Anhang 13

**Klärungsgespräch („Die vier K`s")**

Herstellen eines Kontraktes:

- Klärung und Festlegung eines zeitlichen Rahmens für das Gespräch
- Betonung der Freiwilligkeit als Voraussetzung des Gespräches
- Darlegung des eigenen Interesses/ Anliegens/Zieles/ der eigenen Sorge.
- Konkrete Beschreibung des zu kritisierenden/unverstandenen/ zu klärenden Verhaltens (möglichst ohne Bewertung)

Das zu klärende Verhalten in einen anderen Kontext stellen:

- Für das zu klärende Verhalten eine positive Absicht unterstellen
- Die Bedeutung dieser Absicht für die handelnde Person hervorheben, indem der „Preis", den die handelnde Person für ihr Verhalten bisher „bezahlt", wertschätzend betont wird
- Vergewisserung, ggf. die eigenen Hypothesen verändern
- Umdeutung des zu klärenden Verhaltens als Ausdruck eines legitimen und wertzuschätzenden Bedürfnisses nach
  - o Individualität
  - o Zugehörigkeit

Klärung im Kontakt

- Haltung der Wertschätzung und des Respektes: Der Gesprächspartner ist der beste Fachmann seiner eigenen Situation. Letztlich kann er nur selbst seine Probleme lösen/ entscheidet er selbst, ob er sein Verhalten ändert oder nicht

- Suche nach alternativen Verhaltensweisen zur Befriedigung der vorhandenen Bedürfnisse bei geringeren Kosten
- Innerer und äußerer „Check", ob Kosten und Nutzen der „neuen" Verhaltensweise im gewünschten Verhältnis stehen
- Vorhersage von „Rückfällen" in die alten Verhaltensweisen